ひと目でわかる！

見るだけ読書

浅田すぐる

ダイヤモンド社

はじめに

本を読む、「なりたい自分」になるために

私の仕事はトヨタで学んだ「1枚」書くだけのスキルをベースにしつつ、ビジネスパーソンの仕事や学習の支援をすることです。企業研修や講演での登壇、自社で開講しているスクールの運営、等々。さまざまな業界・職層・年代の皆さんに学習機会を提供しています。

20代の頃、作成した「1枚の資料」がきっかけになって、大きなプロジェクトを任されたことがあります。最終的には、その仕事で日本一の実績を残すこともできました。

サラリーマン時代の大半をトヨタで過ごしましたが、会社としてだけでなく、個人的にもこのスキルを徹底的に高めていたため、私が作成する「1枚」に関しては、つねに「わかりやすい」「短時間でもよく伝わった」「停滞していた仕事が進んだ」といった評価の声をもらえていました。

そこで、この強みを独自のビジネススキルにまで磨き上げ、今では社会人教育の世界で**「1枚」フレームワーク®**として広める仕事をしています。一方で、こういったキャリアを実現できた背景には、トヨタで働いていたこと以外にもう1つ要因があります。これから本書で紹介していくような良書や名著に多数触れ、自分なりに読み解き、日々の仕事に活かし続けてきたからです。

本書には、かつての私がそうであったように、あなたが「なりたい自分になれる」ヒントが必ずあります。ただし、類書のように、あるいはネット上の書評動画のように、ただ本のエッセンスをわかりやすく紹介しただけでは、読者に役立ててもらうには不十分だと私は考えています。

これまでたくさんブックガイドを読んできましたが、**「良書を読んだ後に学びをどう活かすか?」**という部分まで手厚くカバーしている本は、私が把握している限り1冊もありませんでした。

こういった問題意識を抱いているなかで、本書の担当編集者から次のような無茶ぶりなオファーをいただきました。

「浅田さんの紙1枚スキルをフル活用して、名著からそのエッセンスだけを抜き出してく

ださい。加えて、読者も紙1枚を見たり・埋めたりするだけで即スキル化して使えるところまでいけてしまう。そんな一生役に立つ魔法のような本を書いてください！」

私が提供している学習機会のなかの1つに「イチラボ」という動画学習コミュニティがあり、2019年から5年以上、60か月以上にわたって、数百冊の本を紹介し続けています。本書で紹介するガイドの一部は、「イチラボ」で過去に講義してきた内容です。

なぜこの学習コミュニティの存在に触れたのかというと、受講者から寄せられた感謝の声が、本書の執筆に挑戦する私の背中を押してくれたからです。

このブックガイドを読み込み、実践すると、どんなビフォーアフターを成し遂げられるのか。その一端を紹介すると……。

「本で学んだことを実践したら、仕事で成果を出せ、社内で表彰されました！」
「昇給・昇進・昇格でき、家族にも喜ばれました！」
「希望していたプロジェクトに抜擢され、充実した日々を送れています！」
「転職してキャリアアップできました！」
「念願だった独立を果たすことができました！」

「ＭＢＡの授業や課題を高いレベルでクリアし、成績優秀者として評価されました」
「日々の生活に余裕が生まれ、仕事だけの人生から脱却することができました」
「将来に対する漠然とした不安が解消しました」

ただ漫然と働くだけなら、読書なしでもできるかもしれません。ですが、社会人教育の世界でビジネスパーソンの多種多様な相談内容に触れていると、**「もっと早くからこの本やあの名著に触れていれば、きっと早々に解決できていただろうに……」**と感じることが多々あります。だからこそ、今回このような本を考案しました。

なぜ、こういった成功体験が続出するのかというと、主な理由は３点あります。そしてこの３つが、そのまま本書の最大の特徴にもなっています。

良書を読んだ後に学びをどう活かすか？

１．読むべき適切な本を厳選

１つ目は、膨大な本の中から、私自身の１万冊以上の読書体験と１万人以上の社会人教育経験を踏まえたうえで、**「絶対に読むべき適切な本」**を厳選していること。**「どんな本を読んだらよいかがわからない」**だけでなく、本を読んでも**「そこから学びを得ることができない」**。あるいは、学びがあったとしても**「いざ実践となるとうまく自分に当てはめて活かすことができない」**。そんな悩みや質問・相談もこれまでに数多くもらってきました。

そこで、**「どのような本を、どのように読んでもらうことが今の時代を生きる社会人にとって適切なのか？」**について、熟慮したうえで選書しています。

本書では24冊＋αの本を選び抜き、最大の学習効果が得られる読書体験となるよう、各書籍を精密に配置しました。かつては、職場の先輩や上司が、「いっぱしの社会人としてこれからまともに働いていきたいなら、とりあえずこれくらいは読んどけ！」といって、良書を紹介してくれる時代もあったようですが……。今となっては、そのような人に恵まれるケース自体が少なくなってきています。

だからこそ、本書がその代わりになればと願って執筆しました。

2.「1枚」にまとめるつもりで「読む」

2つ目は、**すべての本について〝「1枚」でブックガイドを完結〟**していること。なぜそんなことが可能なのかというと、ベストセラーや良書・古典的名著に書かれている内容の中から、今を生きるビジネスパーソンにとって必要な学びだけを厳選・抽出して「1枚」にまとめているからです。

本のすべてを網羅・カバーするのではなく、重要なエッセンス・本質のみを「1枚」レベルに収め、わかりやすく解説していくスタイルでガイドをしていきます。

この一風変わった読書力を、私はサラリーマン時代にトヨタで働くなかで培っていきました。トヨタにいた頃にやっていた**「1枚」にまとめるつもりで「働く」を、読書の際に「1枚」にまとめるつもりで「読む」に応用してみた**のです。

すると、**ただ漫然と本を読むよりもはるかに芯を食った、本質的な読み解きができるようになった**のです。

こうした読書習慣をかれこれ20年近く積み上げたうえで、読者の皆さんにとって必要な「1枚」まとめのみをピックアップし、本書でシェアしていきます。

結論として紹介するのは「1枚」だけなので、あまりにもシンプル過ぎてびっくりしてしまうかもしれません。ですが、その背後には膨大な時間や量・実践の蓄積、読書力を磨くための日々の修練があります。決して浅いまとめではなく、本質的な学びの結晶のみが

「1枚」に凝縮されているのだと捉えてもらい、各書からの学びを受け取っていってください。

これは見方を変えると、本書を読めば、ただもうそれだけで圧倒的なショートカットができてしまうということを意味します。「1枚」にまとまっているので、末永く覚えていることも可能です。タイパやコスパの観点からも、このブックガイドを一通り読んでもらう価値は十分にある。そう感じてもらえるはずです。

3.「読んだ後」に「ジブンゴト化」する

3つ目の特徴は、読書の学びを**「ジブンゴト化」**するための仕掛けです。

古典的名著と評されているような本は、どうしても書いてある内容の抽象度が高めです。「抽象的＝悪いこと」と捉えてしまう人も多いのですが、本書はそのようなスタンスでは書かれていません。

なぜなら、メッセージが抽象的だということは、それだけ普遍性が高い＝何にでも当てはめられるからです。抽象度が高い学びだからこそ、どういった悩みや願望を抱く読者であっても役立てられる。本書ではこう捉えていきます。

一方で、本来であれば仕事内容や抱えている悩み・願望に関わらず誰もが活用できるはずの抽象的な学びについて、何も役立てられずに終わってしまう人がたくさんいる……。そんな実態があることも、重々承知しています。

いったいどうすれば、このギャップを解消できるのでしょうか。

私自身も、同様の悩みをかつては抱えていました。ですが、今は読書で学んだことを仕事や人生に活かすことができています。分岐点は、次の1点です。

抽象的な本の学びほど、「読んだ後」に「ジブンゴト化」する。

自分の仕事や人生の状況に当てはめる＝ジブンゴト化するプロセスを「本を読んだ後」に経ていることが、決定的なプロセスとなります。過去に名著を読み、抽象度の高い学びを得たものの、何も現実が変わってこなかったという人ほど、本書を突破口にしていってください。やることは、この部分についても引き続き「1枚」埋めるだけでOKです。

序章の5冊は、本書の「ベース」になる本であるのと同時に、何歳になっても必要となる一生ものの**「基礎・土台」**です。続く第1章の7冊は、働くうえで切っても切れない**「人間関係・コミュニケーション」**についての学びが得られる本を選びました。一方、第2章の7冊は生涯にわたって必要不可欠な**「成長」**の本質について、最後の第3章は**「自分の人生をどう思い通りに生きて行くか?」**の柱となる5冊を、それぞれガイドしていきます。

最低限これだけ読んでおけば、「これまで起きた問題」も「これから起きる問題」にもおよそ対処できるはずです。本文を楽しみにしていてください。

何かしら可能性を見出せた方は、これから次の3ステップを踏んでください。

- **ステップ1:目次を見て、どんな本が選書されているか確認してみてください。誰もが知る名著から、個人的にヒミツにしておきたかった㊙本まで、最後まで楽しく読み進められるように選書しました。**
- **ステップ2:序章にある1冊目の『アイデアのつくり方』のガイドをさっそく読んでみてください。そうすれば、「はじめに」の内容について具体的な本や「1枚」を見ることで確認できます。**

●ステップ3：「確かに書いてある通りのブックガイドだ！」と感じられた人は、本をご購入いただき最後まで楽しんでいってください。

今回取り上げる24冊＋αは、ジャンルごとにただピックアップしたわけではありません。体の細胞と同じように、有機的につながっています。本書を通じて、本が武器になる感覚を味わいたい方は、目次に続いて、1冊目の『アイデアのつくり方』で再会しましょう。

ひと目でわかる！　見るだけ読書　―目次

第2章

疲弊していく世の中で成長するためのエネルギーを爆発させる

第3章

思い通りのキャリア・人生を歩み、なりたい自分になる

今回紹介する底本には、新版・旧版などもありますが、書籍紹介は手に入りやすいものを中心にしています。

また、表記において、各節、底本に合わせている箇所がございます。

序章

誰も教えてくれない一生ものの「ビジネス基礎力」を養う

01 アイデア創出の本質は「早めの着手」にある

読む前

「もっとよく考えろ！　と言われても、よいアイデアが浮かばない」

「アイデア出しを！　と言われても、何をしたらいいかわからない」

「アイデアマンの人は、どうやってアイデアを量産しているのか？」

読んだ後

「アイデアが出ないのは、インプットが足りていなかったんだ」

「アイデアを生み出すには、組み合わせの新しさが重要なんですね！」

「アイデア出しと時間管理が関係あるなんて初めて気づけた！」

この本で学び取れる力

▼アイデア力　▼発想力　▼ダンドリ力

『アイデアのつくり方』
ジェームス・W・ヤング著
今井茂雄訳
CCCメディアハウス

1冊目は**『アイデアのつくり方』**を選びました。

著者は、アメリカ広告代理業協会の会長などを務めたジェームス・W・ヤングという人で、1940年の刊行以来、80年以上にわたって読み継がれている名著です。広告代理店勤務の人はもちろん、アイデア勝負の仕事をしている人なら「とりあえずこれ読んどけ」といって真っ先に紹介される本です。

この名著を紹介することが、今回のブックガイドの狙いやイメージをつかんでもらううえで最もわかりやすいと判断したため、最初に取り上げることにしました。

『アイデアのつくり方』はわずか100ページ程度の小著なので、1冊読み切ること自体は難なくできる分量です。

一方で、本書のフォーカスは「読んだことがあるか?」でも「内容を理解しているか?」でもありません。**「読んだ後、使えているかどうか?」**です。どうか、これから紹介する読み解きや実践と、自身のそれとを読み比べてみてください。

おそらく多くの読者さんが「あれ、何だか自分の読解とは違うぞ」「なるほど、こう読めば活用できるのか!」といった感想を抱いてくれるはずですし、そう感じられれば、今後も有意義な読書体験になることをお約束します。

では、いきましょう。

『アイデアのつくり方』は私の知的生産のベース書籍となっています。

たとえば、「はじめに」でも触れた動画学習コミュニティで毎週のように1時間前後の新作講義を配信しているのですが、こんなことを5年以上も続けられている理由は、『アイデアのつくり方』で学び取った本質を習慣化することができているからです。

また、本書は私にとって11冊目の本となりますが、毎年のように新刊を出し続けられている理由もまた、これから紹介する「アイデアの本質」が身についているからです。

その本質とは……、いったい何だと思いますか。

図01は『アイデアのつくり方』を「読んだ後」に、本から得た学びを私なりに「1枚」にまとめたものです。1冊目なので以降の本より丁寧に解説していきたいのですが、この「1枚」要約は3つの要素で構成されています。

図01『アイデアのつくり方』を紙1枚にまとめたもの

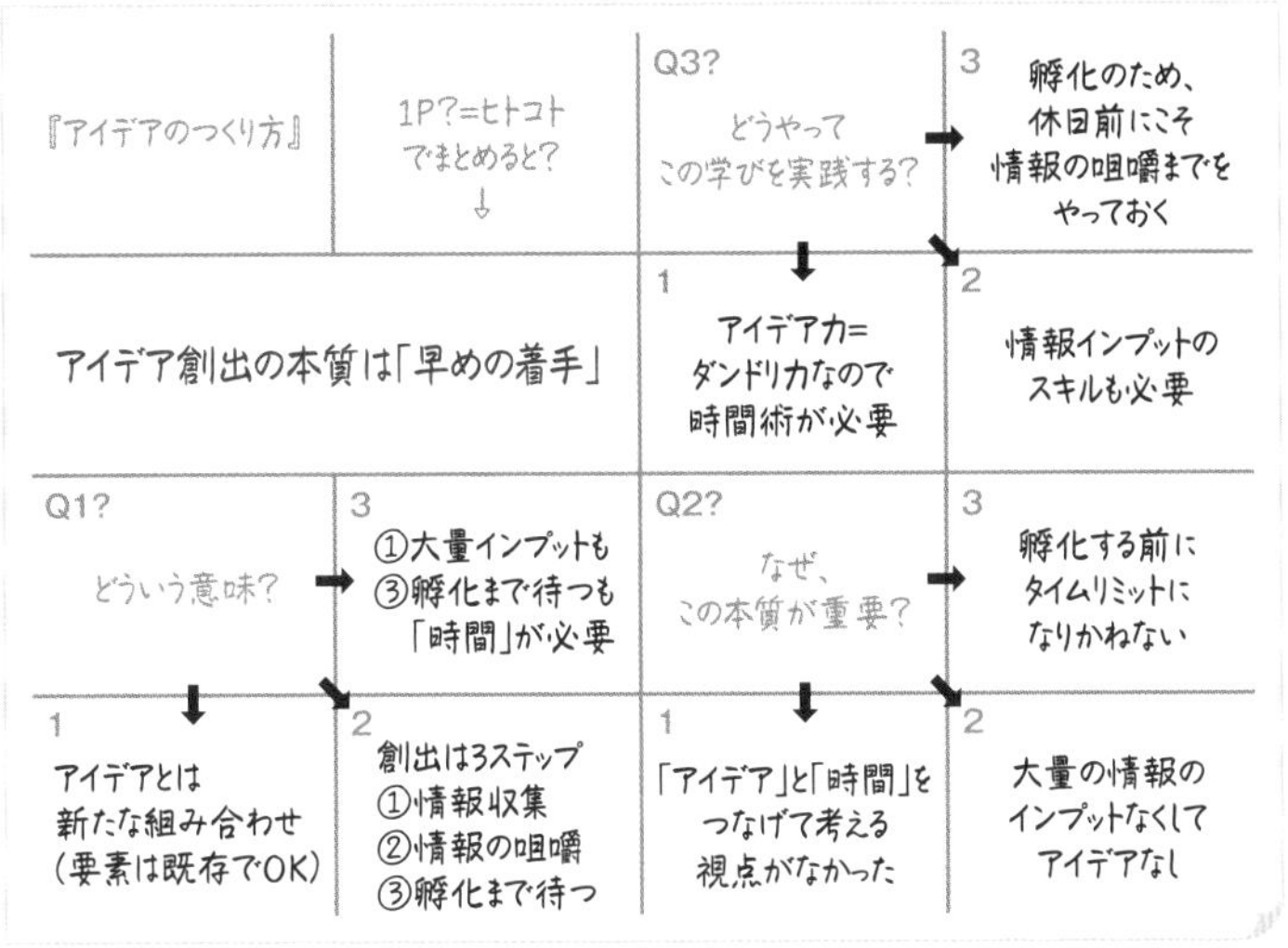

『アイデアのつくり方』
1P?=ヒトコト
でまとめると?
Q3?
どうやって
この学びを実践する?
3
孵化のため、
休日前にこそ
情報の咀嚼までを
やっておく
アイデア創出の本質は「早めの着手」
1
アイデア力=
ダンドリ力なので
時間術が必要
2
情報インプットの
スキルも必要
Q1?
どういう意味?
3
①大量インプットも
③孵化まで待つも
「時間」が必要
Q2?
なぜ、
この本質が重要?
3
孵化する前に
タイムリミットに
なりかねない
1
アイデアとは
新たな組み合わせ
(要素は既存でOK)
2
創出は3ステップ
①情報収集
②情報の咀嚼
③孵化まで待つ
1
「アイデア」と「時間」を
つなげて考える
視点がなかった
2
大量の情報の
インプットなくして
アイデアなし

①読書で得た学びを「1P＝ヒトコト」で
まとめて赤ペンで記載
②「1P」に関する「What・Why・How」3つの質問を緑ペンで記載
③各問いの答えについて、「3ポイント以内」で収まるように青ペンで記載

以上の3つの要素をカバーしながら「1枚」にまとめておくことで、次のような読み解きが可能になります。

以下、プレゼン風にまとめたので、読書会か何かで発表を聴くようなイメージで読み進めていってください。

『アイデアのつくり方』を読んで私なりに得た最大の学びは、**「よいアイデアを出したかったら、とにかくさっさと着手すること」**です。
（※ここまでが「1P（1Phrase）?＝ヒトコトでまとめると?」に対応）

どういうことか。まずこの本では**「アイデア＝新しい組み合わせ」**と定義されています。これは、要素自体は既存の情報や知識でも構わない。**大切なのは、「組み合わせ方の新しさ」にある**という意味です。

また、アイデア創出の方法として5ステップ紹介されていますが、4つ目の「エウレカ」が「アイデア誕生」となっています。ということは、「アイデアが浮かぶようになりたい」という目的で読むなら、3ステップまでOKだと捉えてみてください。これで、覚える要素を減らすことができます。

実際にはそれぞれ、ステップ1が**「組み合わせの材料となる情報の大量インプット」**。ステップ2が、**「いろいろと組み合わせてみる＝咀嚼《そしゃく》」**のフェーズ。

最後のステップ3が、**「行き詰まったらいったん離れ、何か思いつくまで待ち続ける＝孵化《ふか》」**させる段階です。

このうち、最初の「大量インプット」と3つ目の「孵化」の段階では、いずれも**「できるだけ潤沢な時間」**が必要となります。だからこそ、**「さっさと着手すること」**がアイデア創出の必須条件になってくるわけです。

（※ここまでが、「What＝どういう意味？」に対応）

なぜ、この学びが重要なのか。私自身、この本を読むまでは**「アイデア」と「時間」には密接なつながりがあると認識できていませんでした。**

たしかに、時間がなければ**アイデア創出のための大量インプットが不十分**になり、「無い袖は振れない」状態に陥ってしまいます。

あるいは**時間をかけなければ、アイデアが孵化する前に期日になってしまいかねません。**だからこそ、「アイデア創出＝潤沢な時間確保＝早めの着手」なのです。

（※ここまでが、「Why＝なぜ、この本質が重要？」に対応）

では、この学びをどうやって日々の知的生産に活かすのか。

最大のカギは「早めの着手」ですから、**「アイデア力」**と言いつつ、まずは**「ダン**

ドリカ」を高めて時間を確保することが最優先事項となります。

そのうえで、組み合わせの材料を豊富にストックするべく、**「情報インプットのスキル」**も高めていかなければなりません。

加えて、寝かせたり放置したりする時間が孵化には不可欠なので、たとえば**「金曜日や有休の前日にこそ、アイデア創出のステップ2情報の咀嚼までをやっておいたほうがよい」**といった仕事術も、それこそアイデアの1つとして有効なのではないでしょうか。実際、休暇中に突然アイデアが浮かぶことも多々ありますので、休みとはいえ、何かしら記録できる手段は持ち歩いたほうがよいということになります。

（※ここまでが、「Ｈｏｗ＝どうやってこの学びを実践する？」に対応）

以上、「1P」「2W1H」「3ポイント」の3要素を駆使して「1枚」にまとめることで、非常にシンプルなカタチで学びを抽出することができました。

このうち、「何を読むか？」「どう読むか？」だけでなく、**「読んだ後にどう活用するか？」を重視する本書において最も大切な問いは、最後の「Ｈｏｗ＝どう活かすか？」**です。ただ、1つ目の「ダンドリ力」や「情報インプットのスキル」については、『アイデアのつ

図02 ダンドリ力を高める

今月やること
セミナーに参加する
プレスリリースを作成する
お祝いのケーキを発注する
来年度の予算を決める
2
休眠クライアントにアタックする
営業部と意見交換をする
市場動向を探る
プロジェクトチームを立ち上げる
本を10冊読む
3
売り伸ばしのPR案を考える
勉強会の準備をする
1
新規の企画提案をする
朝活でスピーチする
売上の変遷をまとめる
部の飲み会のセッティングをする

くり方』を読むだけでは実践が難しいと感じる読者もいるかもしれません。

そこで本書では、**読書後から実践に至るまでの補助線としても、「1枚」フレームワークをフル活用**していきます。

「ダンドリ力」については図02のような「1枚」を使った実践が可能です。書き方は、次の手順で作成してみてください。

- 緑ペンで図02のような枠組みを作成する(デジタルでも可)
- 青ペンで「今月やること」を書き出す(3分程度で)
- 赤ペンで「特にアイデア勝負となる仕事」を3つほど選ぶ

色分けまでやるかどうかはどちらでも構いませんが（視覚的にわかりやすいほうが思考整理が促進されるためこの3色を推奨しています）、ともかくこうやって書き出して「目で見える状態にする」からこそ、一目瞭然であっさり考えをまとめていくことができます。

「はじめに」でも触れましたが、こうやって〝「1枚」にまとめて「見える化」すること〟の威力・魅力・醍醐味を、私はサラリーマン時代にトヨタで働きながら学び取ってきました。もちろん、トヨタの「紙1枚」文化自体は、職場での資料作成を念頭においた話です。私はそこから、**「考え抜けること」「わかりやすく伝えられるようになること」「ジブンゴト化できること」といった本質のみを抽出し、フレームワーク化してさまざまな題材に当てはめられるようにスキル化**しました。

それが「1枚」フレームワークであり、この手法を読書にフル活用していこうというのが本書のコンセプトです。

さて、『アイデアのつくり方』の紹介に戻ります。

「Ｈｏｗ」の2つ目に書いた**「情報インプットのスキルも必要」**については、本書がそのまま使えます。これからすべてのブックガイドについて「1P・2W1H・3ポイント」でまとめた「1枚」を実例としてお見せしていきますので、本を読みながら「こうやってインプットすればよいのか！」ということも同時に学び取っていってください。

その後、自身でも同じようにまとめていく実践を積み上げていけば、「情報インプットのスキル」が身につきます。たくさんストックを増やしていきましょう。

最後に、3つ目の**「孵化のため、休日前にこそ情報の咀嚼までやっておく」**についても、図02のように「1枚」埋めるだけで実践が可能です。もちろん、行動できるイメージさえ湧けば「1枚」にこだわる必要はありません。ただ、もし「読んだ後」にどうすればよいのか何も浮かばない＝「ジブンゴト化できそうにない」ということであれば、次の手順を踏んでみてください。

- **休暇の前日に、緑ペンで図03のような枠組みを作成する**
- **青ペンでアイデアを書き出し、赤ペンで組み合わせてみる**
- **「放置し、何か浮かんだら前項を再開」を繰り返す**

図03 アイデアを書き出す

どうすれば課題を解決できる？	コンセプトを考える	上司に相談する	○○○
売れ筋を確認する	ユーザーに試してもらう	SNSで公募する	○○○
ターゲットを女性にシフトする	いったん企画を閉じる	グッズ販売を仕掛ける	○○○
デザインを変える	コラボ相手を探す	母親層の意見を聞く	○○○
最初からやり直す	インフルエンサーに紹介してもらう	初回限定版をつくる	○○○
原稿の書き直しをする	価格を下げる	タイアップを仕込む	○○○
イラストを入れる	発売日を早める	予算を削る	○○○
若手の意見を聞いてみる	コストの見直しをする	○○○	○○○

最大のポイントは、さっさと着手し、**まずはステップ2までを一通りやってしまうこと**です。そして、「うーん、現時点ではこのくらいしか浮かばないや」となるところまでやり切ったら、あとは放置して休みを満喫しましょう。

こうやって一度「1枚」にまとめて直視する体験をしておけば、他のことをやっている間も、「あの1枚の空欄には、他に何が埋まるんだろう？」「他にどんな組み合わせがあるんだろうか？」といったことを脳は考え続けてくれます。

リードタイムを長めに確保し、期日ギリギリまでステップ2と3を繰り返していけ

ば、いろいろなアイデアが浮かんでくる。そういった体験ができるはずです。

もし何も浮かばないなら……。それは「無い袖は振れない」状態に陥っていることになりますので、ステップ1に戻ります。本書等を通じてインプット＝材料のストックを増やすところからリスタートをはかっていきましょう。


以上が『アイデアのつくり方』の「1枚」ブックガイド＆「1枚」実践ガイドになります。本書が何を狙っていて、読者としてどんな体験ができるのかについて、これで一通りわかってもらえたのではないでしょうか。

1冊目なのでページ数を割いて丁寧に紹介してきましたが、よりコンパクトにしつつ、今後も同じようなスタイルで本書のブックガイドは進んでいきます。

1. 本からの本質的な学びを「1枚」にまとめて紹介
2. 「1枚」埋めるだけで学びを活かせる方法について紹介
3. 本書を参考に、読者自身が「ジブンゴト化」しながら実践

加えて、「読んだ後」にアナログとデジタル、どちらでも取り組めるよう、読者限定の「実践サポートコンテンツ」をご用意しています。

本書で紹介しているすべての「1枚」のデジタル版（PowerPoint）をダウンロードすることができますので、それを自分用に書き換えれば、デジタル上でも同様の実践が可能です。

プリントアウトして手書きでやるのか。それとも、デジタル完結で活用してみるのか。とにかくイメージが湧く方法で構いませんので活用したい人は次のページにアクセスしてみてください（巻末にも再掲してあります）。

●「実践サポートコンテンツ」のご案内

https://asadasuguru.com/afterread/

＊予告なく、終了することがあります

それでは、次の本へと進みましょう。2冊目は、『アイデアのつくり方』でフォーカスをあてた**「時間管理」**に関する名著を選書しました。

このように、本書では前の本を受けて次の本へとつなげていく流れで次々と良書を紹介していきます。

少なくとも序章の内容については、この後に続く第1章以降を読み進めていく際のお互いの前提・共通認識にしておきたいので、このまま順番に読み進めていってください。

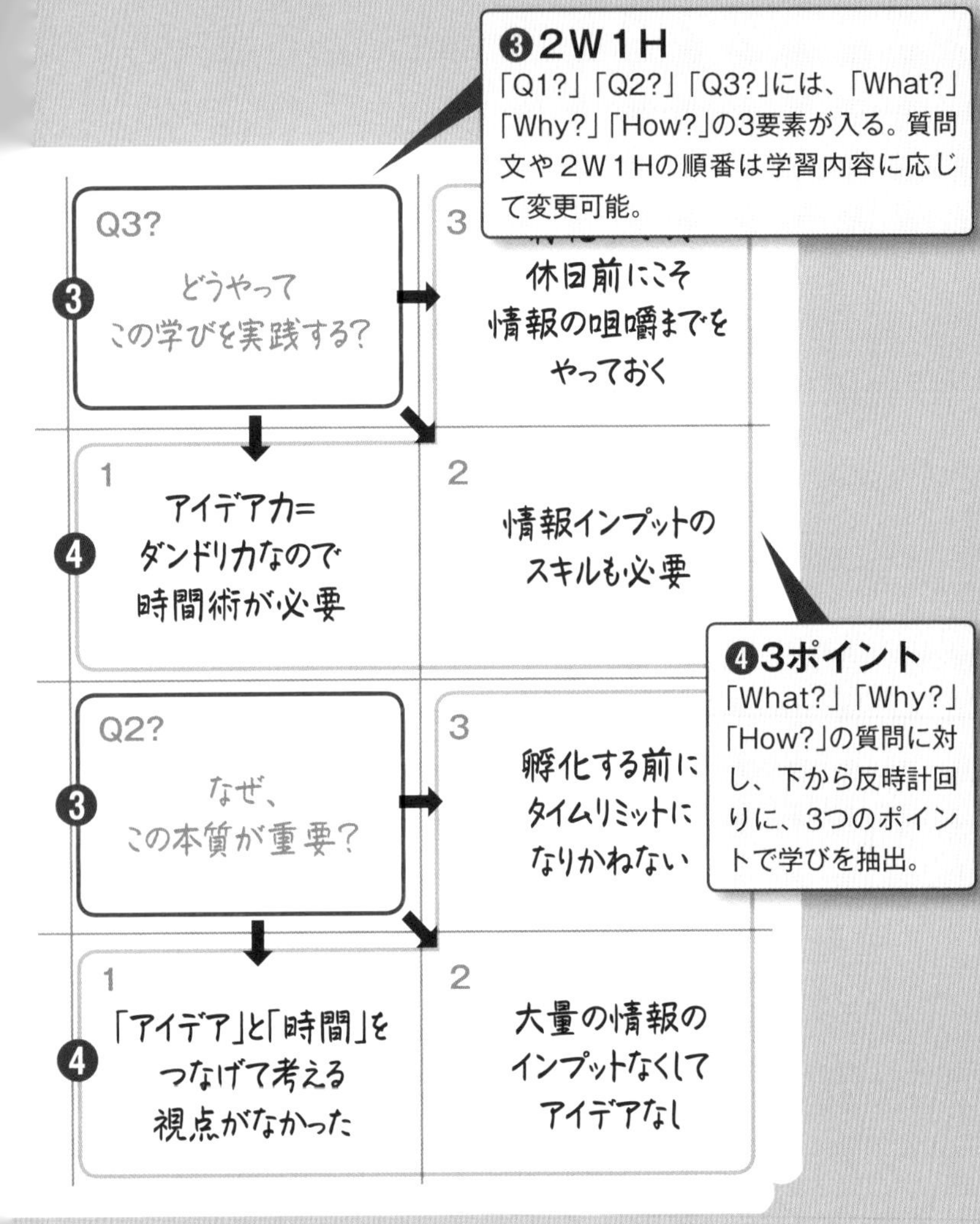
❸2W1H
「Q1?」「Q2?」「Q3?」には、「What?」「Why?」「How?」の3要素が入る。質問文や2W1Hの順番は学習内容に応じて変更可能。
Q3?
❸
どうやって
この学びを実践する?
3
休日前にこそ
情報の咀嚼までを
やっておく
1
❹
アイデア力=
ダンドリ力なので
時間術が必要
2
情報インプットの
スキルも必要
❹3ポイント
「What?」「Why?」「How?」の質問に対し、下から反時計回りに、3つのポイントで学びを抽出。

Q2?
❸
なぜ、
この本質が重要?
3
孵化する前に
タイムリミットに
なりかねない
1
❹
「アイデア」と「時間」を
つなげて考える
視点がなかった
2
大量の情報の
インプットなくして
アイデアなし

「紙1枚」読書まとめの見方

本書で紹介する24冊＋αのエッセンスを、「１Ｐ」「２Ｗ１Ｈ」「３ポイント」の３要素で「紙１枚」に凝縮。パッと見るだけでも、その本の概要や重要な学びがつかめる。加えて、各節に用意した「読んだ後」に学びを活かせる「紙１枚」を埋めていけば、読後にすぐ学習内容を武器化できる新感覚の読書ガイド。

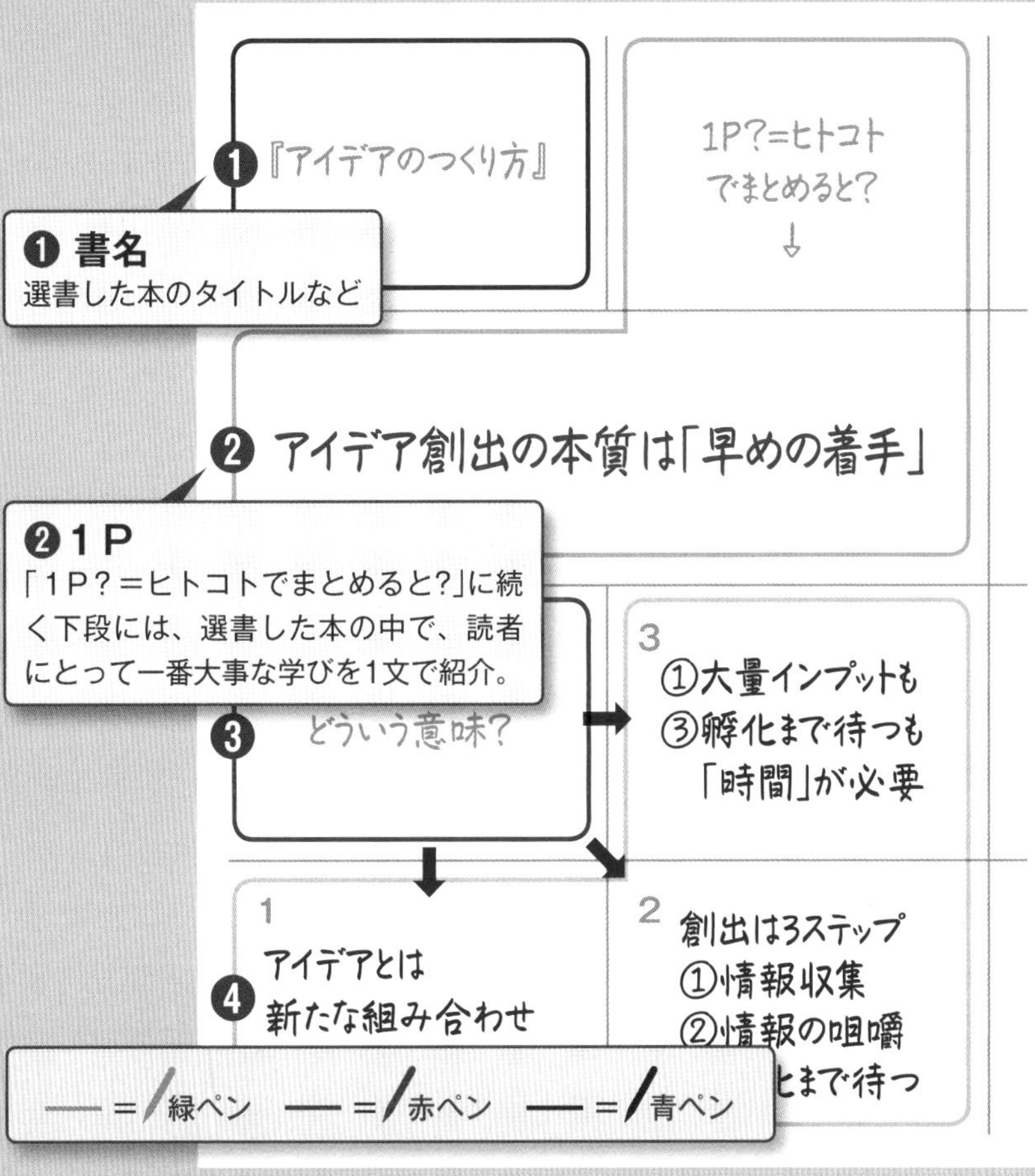
❶『アイデアのつくり方』
1P?=ヒトコト
でまとめると?
↓
❶ 書名
選書した本のタイトルなど
❷ アイデア創出の本質は「早めの着手」
❷1P
「1P?＝ヒトコトでまとめると?」に続く下段には、選書した本の中で、読者にとって一番大事な学びを1文で紹介。
❸ どういう意味?
3
①大量インプットも
③孵化まで待つも
「時間」が必要
1
❹ アイデアとは
新たな組み合わせ
2
創出は3ステップ
①情報収集
②情報の咀嚼
まで待つ
＝緑ペン ＝赤ペン ＝青ペン

02

時間管理の本質は「まとまった時間を確保すること」である

読む前

「ダンドリや時間管理が苦手です……」

「いつも期限ギリギリになってあたふたしてしまう……」

「どうすれば時間を捻出できるのかやり方がわからない……」

読んだ後

「仕事を管理するということは、時間を管理することなんだ！」

「まとまった時間を作る方法がよくわかりました！」

「自分で全部やろうとせず、仕事を渡すことも大事なんですね」

この本で学び取れる力

▼ダンドリ力 ▼タイムマネジメント力

『ドラッカー名著集1 経営者の条件』
P.F.ドラッカー著
上田惇生訳
ダイヤモンド社

マネジメントの父・巨人と評されるドラッカーの数ある名著から、本書では一番読みやすい**『経営者の条件』**を選書しました。「経営者」と書かれていますが、マネジャーもプレイヤーも新入社員も、とにかく社会人なら全員必読！　と言えるような本です。

本書では、多くの読者が「読んだ後」に最も「ジブンゴト化」して活用しやすいであろう第2章「汝《なんじ》の時間を知れ」に絞って紹介していきます。

このように、1冊全部から学びを得ようとするのではなく、一部に絞って活かせる知見をくみ取っていくような読み解きも、「読んだ後にどう役立てるか？」を重視する読書においては重要です。

これから少しずつなじませていってほしいのですが、「はじめに」で書いた「どう読むか？」と「どう活かすか？」は、実はセットになっています。「読後に活用したい」という目的があるからこそ、「だったら今回はこう読解しよう」という読み方がおのずと定まってくるのです。

さて、第2章「汝の時間を知れ」は**「時間管理」**について扱っていて、1冊目の『アイデアのつくり方』と組み合わせることで、より深く理解も実践もできます。

図04『経営者の条件』を紙1枚にまとめたもの

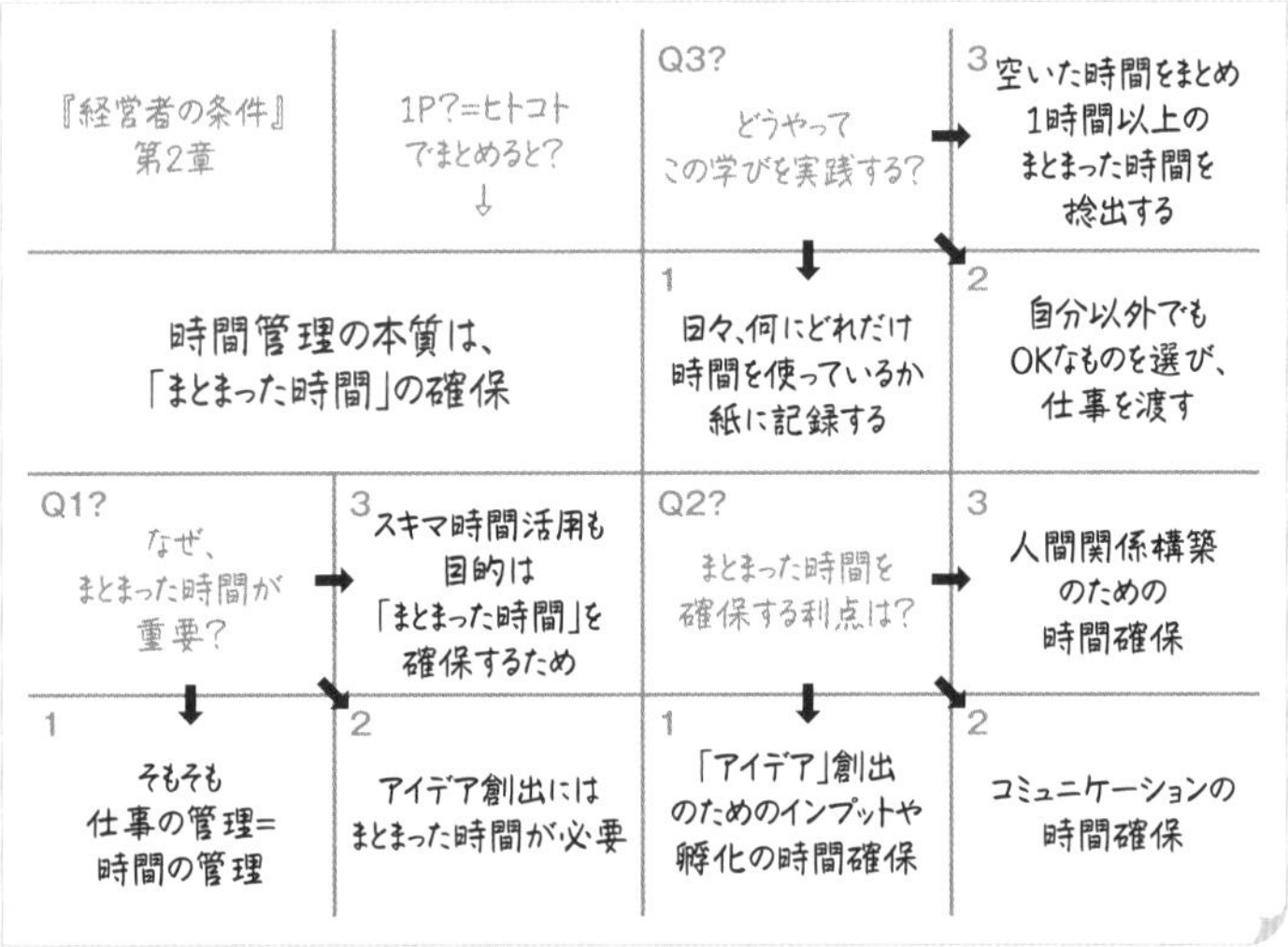

『経営者の条件』
第2章
1P?=ヒトコト
でまとめると?
Q3?
どうやって
この学びを実践する?
3 空いた時間をまとめ
1時間以上の
まとまった時間を
捻出する
時間管理の本質は、
「まとまった時間」の確保
1 日々、何にどれだけ
時間を使っているか
紙に記録する
2 自分以外でも
OKなものを選び、
仕事を渡す
Q1?
なぜ、
まとまった時間が
重要?
3 スキマ時間活用も
目的は
「まとまった時間」を
確保するため
Q2?
まとまった時間を
確保する利点は?
3 人間関係構築
のための
時間確保
1 そもそも
仕事の管理=
時間の管理
2 アイデア創出には
まとまった時間が必要
1 「アイデア」創出
のためのインプットや
孵化の時間確保
2 コミュニケーションの
時間確保

ドラッカーの説く**「時間管理の本質」**とは何なのか。

図04の「1枚」をベースにしながら説明していきます。

一点補足をしておくと、今回は「Q1?」の「なぜ、まとまった時間が重要?」が「Why」、「Q2?」の「まとまった時間を確保する利点は?」が「What」に対応しています。このように、「What」「Why」「How」の順番は入れ替え自由です。今後、自身でまとめていく際も、いろいろと試しながら作成するようにしてください。

時間管理の本質は、「まとまった時間を確保すること」。

常にこの1点を目的に、タイムマネジメントを行なうこと。『経営者の条件』から、私はこうした本質を学び取りました。

そもそもなぜ『経営者の条件』がダンドリやスケジューリングの話から始まっているのかというと、ドラッカーが**「仕事の管理＝時間の管理」**と考えているからです。ここでいう仕事とはとりわけ「アイデア勝負の知的生産」のことを指していて、1冊目の『アイデアのつくり方』と組み合わせれば、「時間こそが重要なファクター」という本質について、より深く納得できるのではないでしょうか。

逆に言えば、『経営者の条件』を読んでこうした本質をつかみ取っていたからこそ、『アイデアのつくり方』を「時間」にフォーカスして読み解けたわけです。

ただし、時間といってもスキマ時間の活用を指しているわけではありません。確かにそれも大切な時間術の1つですが、何のためにスキマ時間を活用するのかといえば、その目的は「まとまった時間を確保するため」です。

小間切れの時間だけで1日が埋まっていたとしたら、たくさん作業はできても知的生産はできません。「何のためのタイムマネジメント」なのかを見失ってしまっていないか。『経営者の条件』を読んでいると、この点について深く向き合うことができます。

こうした**「アイデア創出」**以外にも、まとまった時間を確保することには大きな利点があります。たとえば、**「コミュニケーション」**。組織で働く以上、社内外を問わず多くの時間をコミュニケーションに割く必要があります。スキマ時間だけでは不十分な説明や交渉・説得しかできません。だからこそ、まとまった時間を確保し、その多くをコミュニケーションに使っていきたいのです。

そうはいっても、できるだけ少ない回数でコミュニケーションを円滑に済ませていきたいのであれば、日々の**「人間関係構築」**が重要になってきます。これも一朝一夕でどうこうできる話ではありません。自分のためだけではなく、人と関わり、他者をサポートするために時間を使っていく。

そのためにも、やはりまとまった時間の確保が重要になってくるわけです。

では、いったいどうすれば「まとまった時間」を確保できるのか。

次の3ステップを踏めば、自身の日常に活かすことが可能です。

●ステップ1：日々、何にどれだけ時間を使っているか記録する

図05 1日のスケジュールをリアルタイムで埋めてみる

11/11 Start	やったこと	Finish	時間	Start	やったこと	Finish	時間
06:55	目覚まし〜起床	07:17	22分	10:00	打合せ場で待機	10:07	7分
07:20	メールチェック	07:47	27分	10:08	TV会議	11:05	57分
07:48	朝食準備〜朝食	08:13	25分	11:10	トイレ休憩	11:27	17分
08:14	片付け	08:27	13分	11:30	メールチェック&返信	12:15	45分
08:28	出勤準備	08:50	22分	12:15	昼休憩	13:15	60分
08:51	通勤〜出社	09:28	37分	13:15	昼礼	13:27	12分
09:30	メールチェック&返信	09:55	25分	13:30	打合せ	14:23	53分

- ステップ2：効率化&自分以外でもOKな仕事を手放していく
- ステップ3：空いた時間を組み合わせ、1時間以上のまとまった時間を捻出する

ドラッカーはまず**「記憶よりも記録」**が重要だと説きます。そこで、時間について記録すること。これが、ファーストステップになります。

「記録する＝紙に書く」とくれば、「1枚」の出番です。

図05のような枠組みを用意し、自分が日々どんなことに時間を使っているかまとめていきましょう。

図06 効率化を考える

11/11 Start	やったこと	Finish	時間	Start	やったこと	Finish	時間
06:55	目覚まし〜起床	07:17	22分	10:00	打合せ場で待機	10:07	7分
見るだけに徹する← 07:20	メールチェック	07:47	27分 →5分	10:08	~~TV会議~~	←Fさんに任せる 11:05	57分 →5分
07:48	朝食準備〜朝食	08:13	25分	11:10	トイレ休憩	←スマホいじらない 11:27	17分 →5分
食洗器買う← 08:14	片付け	08:27	13分 →5分	11:30	メールチェック&返信	←30分以上かけない 12:15	45分 →30分
08:28	出勤準備	08:50	22分	12:15	昼休憩	13:15	60分
08:51 ここで返信	通勤〜出社	09:28	37分	13:15	昼礼	13:27	12分
文面考える← 09:30	メールチェック&返信	09:55	25分 →10分	13:30	~~打合せ~~	←Tさんに任せる? 14:23	53分 →5分

記入の際、大切なのは**「できるだけリアルタイムで」やること**です。ドラッカーは**「記憶によってあとで記録するのではなく、リアルタイムに記録することである」**と言っています。まずは3日程度でもよいのでやってみてください。

なお、図06では14時過ぎでいっぱいになってしまっています。続きを書きたい場合は、別の紙を用意してやってみてください。

続いて、ステップ2です。書き出した記録を眺め、効率化できるものはないか探していきましょう。

この例の場合、起床直後にメールチェックをしていますが、どう返信するかは一切考えずに、まずは見るだけに徹することにします。すると、27分も使っていた状態から、わずか5分に短縮できました。その代わり、通勤中の電車で返信内容を考えるようにすれば、追加の時間は発生しません。

このように、「1枚」を見て、考えることで効率化をはかっていきましょう。

あるいは、赤ペンで斜め線を引いたものは、「自分でなくても大丈夫な仕事」です。これらは積極的に、人に任せていきましょう。

いきなりは難しくても、こうやって「1枚」にまとめて客観視することで、「どうすれば仕事を渡せるか？」という問いが立つようになってきます。問いさえ立てば、あとはよいアイデアが浮かぶまで脳が答えを探し続けてくれますので、機が熟すのを待ちましょう。

加えて、赤ペンで「／」をつけた項目は、「そもそもやる意味のない仕事」です。

ここ数年、こういった業務に「ブルシット・ジョブ」といった名前を付けて問題視する流れも生まれてきています。関連書籍として、**『ブルシット・ジョブ』**（デヴィッド・グレーバー著、岩波書店）を挙げておきますので、興味のある方は一緒に読んでみてください。

取り急ぎわかってほしいことは、特に大組織や歴史ある企業ほど、こういった「やる意味のない仕事」が発生しやすいという点です。だからこそ、**ときおり客観視して淡々と廃**

止していくことが、重要な基本動作となります。

最後はステップ3です。ステップ2を通じて捻出した時間を組み合わせることで、1時間以上の**「まとまった時間を捻出」**していきましょう。

そうやって確保した時間を使ってアイデア創出のためのインプットを行なったり、コミュニケーションや人間関係構築に活用したりしていけば、『経営者の条件』の第2章を自分なりに血肉化＝ジブンゴト化し、活用できたことになります。

実際、私はこのタイムマネジメントを長年実践してきました。その間、時間術をテーマにした他の本もたくさん読んできましたが、「まとまった時間を確保する」という本質を先につかんでおいて本当によかったと感じています。

ぜひこの本質・方法を身につけ、まずは**タイムマネジメントからドラッカーの世界に入門**してみてください。

「仕事の管理は時間の管理から」である以上、ここをクリアしなければ、ドラッカーが残してくれた数々の仕事の本質を身につけることができない。そのくらい高い優先順位で取り組むべきことだと、私は捉えています。

今回をきっかけに、まずは時間管理からマスターしていきましょう。

さて、今**「優先順位」**と書きました。3冊目はこの点にフォーカスして、超有名な「あのベストセラー・ロングセラー」を紹介していきます。

03

優先順位をつけていく習慣が働き方を変えていく

読む前

「『7つの習慣』、有名だけど読んだことないんだよなあ……」

「読んだことはあるけど、正直ほとんど覚えてないなあ……」

「何か1つくらいは本当に習慣化したいのだけど……」

読んだ後

「最優先すべきことは、緊急ではないが重要なことなんですね」

「急ぎの仕事に振り回されなくなりました！」

「優先順位をつける習慣が、これで身につきます！」

この本で学び取れる力

▼優先順位をつける力
▼主体性を発揮する力
▼目的を持って始める力

『完訳 7つの習慣――人格主義の回復』
スティーブン・R・コヴィー著
フランクリン・コヴィー・ジャパン株式会社訳
キングベアー出版

『7つの習慣』を読んだことがある人は、第1の習慣から第7の習慣まで、すべて覚えているでしょうか。

ビジネス書なのか自己啓発書なのか、おそらくどちらにもカテゴライズできるのだと思いますが、ともかく『7つの習慣』は、あらゆるブックガイドで紹介され続けている成功哲学の本です。

ところが……。では人生で成功するための「7つの習慣」のすべてを覚え、タイトル通り習慣化できているのかと問われれば、困ってしまう人も多いかもしれません。

他ならぬ私自身が、記憶力にはまったく自信がありません。なので、新卒のときにはじめて『7つの習慣』を読んだ際の前提は、**「どれだけやろうか？」**でした。

最初から7つすべて覚える気も実践する気もなかったわけですが、だからこそ社会人1年目からこの本で得た学びをさっそく活用し、タイトル通り習慣化できたとも言えます。

歯磨きレベルの習慣にしてしまえば、あとは一生ものです。

頑張って読んではみたものの「全部忘れてしまった」、あるいは「何も習慣化できていない」という「読後」を迎えるくらいなら、**まずは「読む最中」に、「1つでよいから自身の状況に当てはめ、身につくまで実践するぞ」という目的で読み解きをする。**その結果

図07『7つの習慣』を紙1枚にまとめたもの

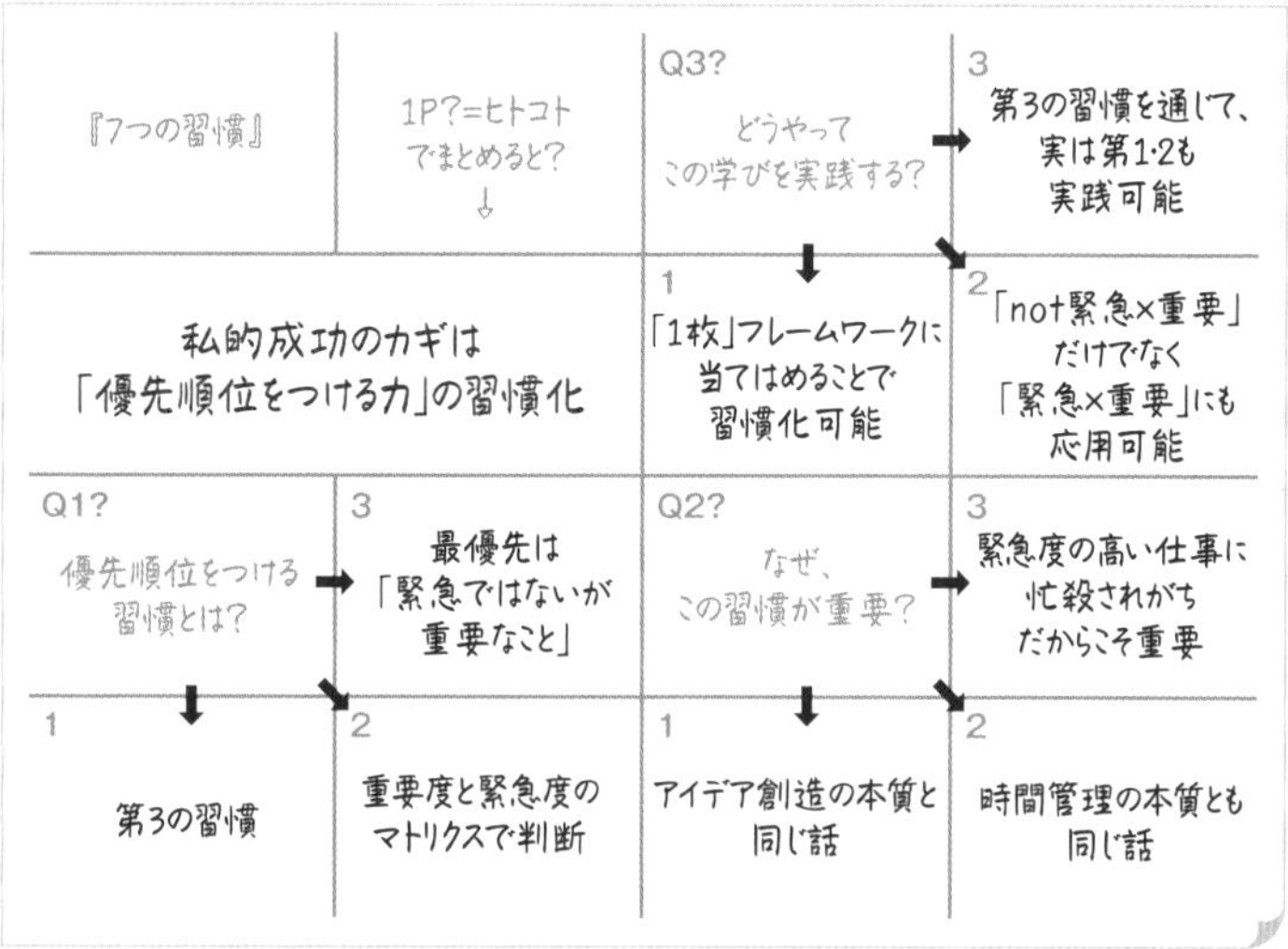

『7つの習慣』
1P?=ヒトコトでまとめると?
Q3?
どうやって この学びを実践する?
3
第3の習慣を通じて、実は第1·2も実践可能
私的成功のカギは「優先順位をつける力」の習慣化
1
「1枚」フレームワークに当てはめることで習慣化可能
2
「not緊急×重要」だけでなく「緊急×重要」にも応用可能
Q1?
優先順位をつける習慣とは?
3
最優先は「緊急ではないが重要なこと」
Q2?
なぜ、この習慣が重要?
3
緊急度の高い仕事に忙殺されがちだからこそ重要
1
第3の習慣
2
重要度と緊急度のマトリクスで判断
1
アイデア創造の本質と同じ話
2
時間管理の本質とも同じ話

をまとめた「1枚」が、図07です。

私が『7つの習慣』から「これだけはやろう」と考えて読み取ったことは、**「優先順位をつける力について習慣化する」**でした。

『7つの習慣』では第3の習慣として、**「最優先事項を優先する」**が登場します。

具体的には、「重要度」と「緊急度」の2軸でマトリクスを描き、「緊急ではないが重要なこと」を優先する。

これがなぜ重要なのかというと、通常は「緊急かつ重要なこと」や「緊急だがあまり重要でないこと」ばかりに忙殺されてしまうため、「緊急ではないが重要なこと」

を放置してしまいがちになるからです。

だからこそ、この領域に収まる事項の優先順位を上げていくべきだという話になるわけですが、1冊目の『アイデアのつくり方』と2冊目の『経営者の条件』を経ているあなたであれば、たとえ『7つの習慣』を読んでいなかったとしても、あるいは読んで忘れていたとしても、この本質をより深く理解できるはずです。

「緊急ではないが重要なこと」をできるだけ早く認識し、**「さっさと着手」**しておくからこそ、たとえその後「緊急度」の高い業務に忙殺されてしまったとしても、重要なアイデアを創出することができるのではないでしょうか。

あるいは、**「まとまった時間を確保」**するように日々タイムマネジメントをやっているからこそ、「緊急ではないが重要なこと」に取り組める時間を捻出できるようにもなるわけです。

つまり、『アイデアのつくり方』や『経営者の条件』を通じて学んだことと組み合わせて実践していけば、「第3の習慣」をより深い理解のもとでジブンゴト化=習慣化することができてしまう。そのように捉えてみてほしいのです。

図08 重要度と緊急度のマトリクス

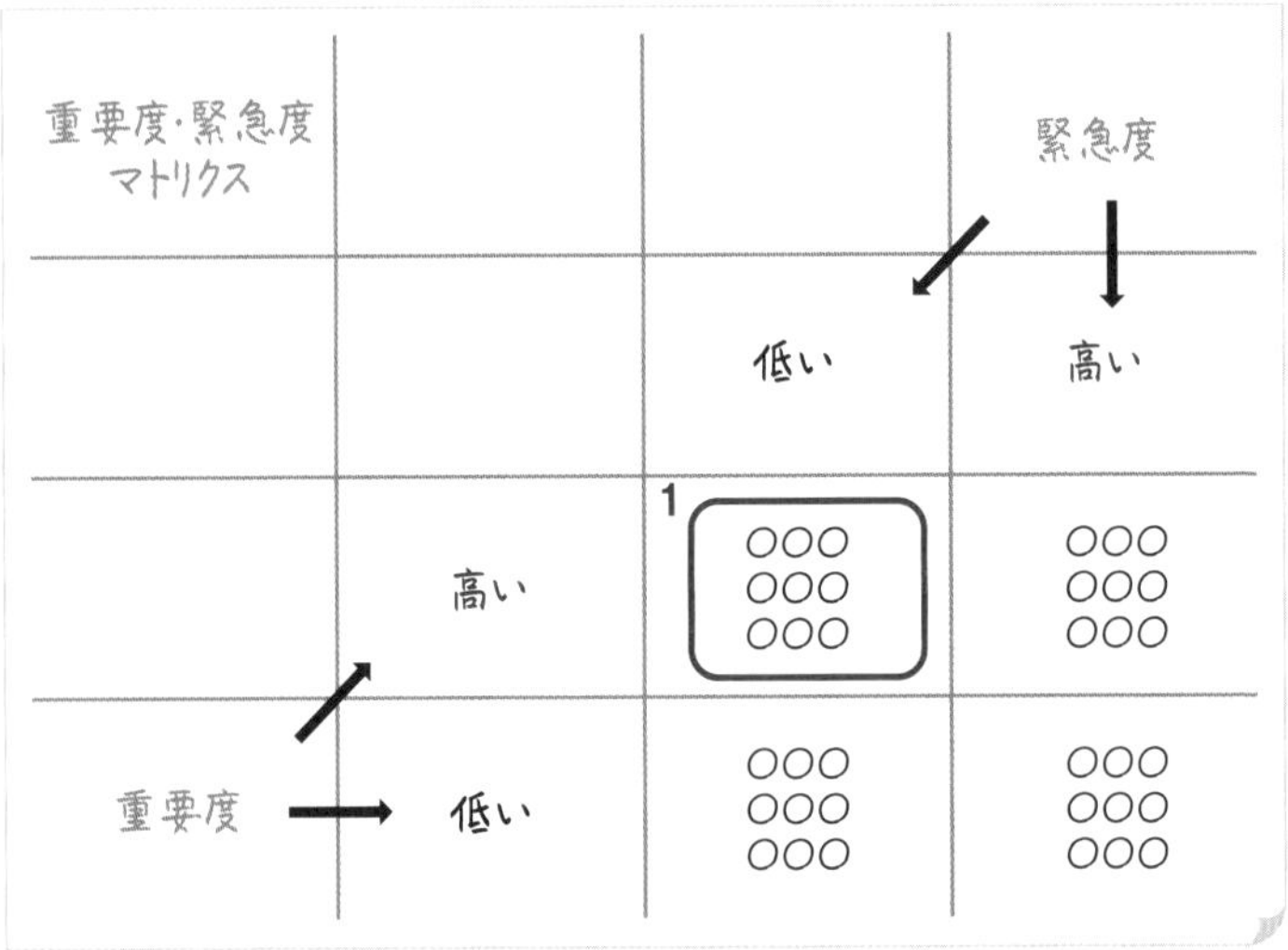

とはいえ、『7つの習慣』に書かれている通りの実践も、もちろん「1枚」書くだけでやれます。図08のようなフレームを作成してみてください。

このマトリクスの左上（1）に入ってくる業務が、「緊急ではないが重要なこと」に該当します。だからこそ「まとまった時間を確保」して、「さっさと着手」する。

一通りやってみたら、あとは突破口となるアイデアが浮かぶまで、「緊急度」の高い別の仕事をやっていればよい。

「読んだ後」の実践としては、これで十分なのではないでしょうか。

実際、私はこのように組み合わせて3冊

の名著を役立ててきました。

「アイデア力」も「タイムマネジメント力」も「優先順位をつける力」も、しかるべき本を適切に読み、得られた学びを抽象論で済ませずに「ジブンゴト化」しながら実践すれば、誰でも身につけることができる。しかも今回は「1枚」埋めるだけでOKだと言っているわけですから、これ以上ないくらいハードルは低いはずです。

ぜひ実際にやってみてください。

加えて、実践を日々積み重ねていると、いろいろと現実的な気づきを得ることができます。たとえば、「重要度・緊急度によるマトリクス」は、「緊急ではないが重要なこと」にフォーカスをあてているため、日常的に使うというよりは、**折に触れて書いてみるといった頻度での使い方が最適**ということがわかってきました。

また、日常的には「緊急度の高い仕事」をさばいていくことがやはりメインにならざるを得ません。そこで「重要度・緊急度マトリクス」以外にも、この観点で何かもう少し実践的な方法がないかと、あれこれ工夫するようになっていきました。

その結晶として考案・スキル化したのが、次の「1枚」です。

図09 今週やることを紙1枚に埋めてみる

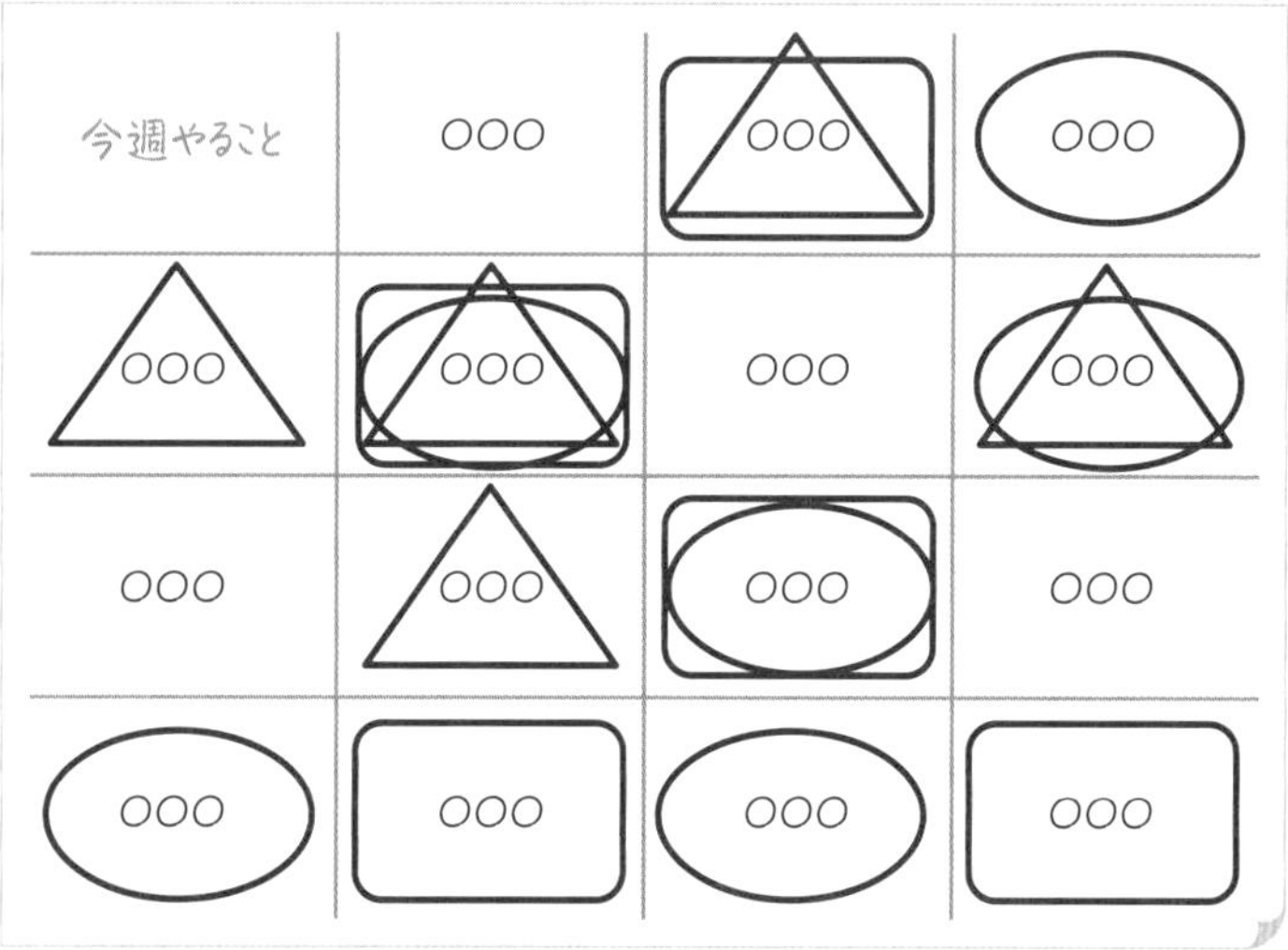

左上には「今週やること」と書かれています。ここは「今日やること」でも「今月やること」でも、時間スパンは自分がしっくりくるもので構いません。

一通り書き出したら、次の3つの質問について自問自答し、赤ペンで該当するものを囲っていってください。

- **○で囲う：特に「重要度」の高い仕事は？**
- **△で囲う：特に「緊急度」の高い仕事は？**
- **□で囲う：特に「難度」が低い仕事は？**

1つの問いにつき、3つから5つ程度囲ってしまって構いません。すると、○でも△でも□でも囲われるものが出てくるはずです。

「たくさん囲われている＝優先度が高い」ということになりますので、まずはこの業務から片づけていきましょう。

こうやって、優先順位をつけて緊急度の高い仕事を片づけていくからこそ、「緊急ではないが重要なこと」に取り組める時間を捻出することができるわけです。

ぜひ両方の「1枚」を併用して、これから役立てていってください。

最後に、『7つの習慣』を「読んだ後」に「ジブンゴト化」できた人だけに待っている世界をもう1つ。

こうした工夫を能動的にやり続けていると、面白いことが起きます。

優先順位をつけるべく日々「1枚」埋めていく行為は、**主体性や自律性がないと継続できません**。また、**優先順位をつけるためには、仕事の目的について絶えず考える**必要があります。

すると、「第3の習慣」のみを実践していたはずが、『7つの習慣』が説く**「第2の習慣：終わりを思い描くことから始める＝目的を持って始める」**や**「第1の習慣：主体的である**

＝主体性を発揮する」についても、一緒くたにして実践できるようになってくるのです。

一点突破のつもりが、気づけば7つのうち「私的な成功」に該当する最初の3つの習慣について、すべて「1枚」で行動に移せるようになってしまった。

確かに、本の中でも各習慣は連動していると解説されていますので当然といえば当然の流れなのですが、だからこそ「7つ全部」ではなく、まずは「1つでよいから試してみる」姿勢で、この本と関わってみてください。

これは、**コスパやタイパを重視する現代的な読書スタイルを重視する人にとっても、魅力的な読み解き＆活用法**です。

もう20年近く前のことになってしまいましたが、こうした読書スタイルをそれこそ「習慣」化した原体験の1つとして、私は『7つの習慣』を位置付けています。

この一風変わったブックガイドをきっかけに、一人でも多くの読者が同じような読書体験だけでなく、読「後」体験を味わってもらえたら嬉しいです。

ここまで、「第3の習慣」である「優先順位をつける力」について身につけることで、「第2の習慣」である「目的を持って始める力」も習慣化できるといった話をしてきました。

次の本は、この**「目的の重要性」**にフォーカスをあてた選書です。「何のために働くのか？」について根本から考える重要な本になります。じっくり考えながら読み進めていってください。

04

自分よりも人の問題を解決することで幸せを感じるようになる

読む前

「何のために頑張っているのかわからなくなるときがある……」

「仕事や人生の目的が明確に描けていません……」

「理念や志が重要だと言われても、正直ピンとこないです……」

読んだ後

「何のために働くのか、その本質がつかめました！」

「自分の目的にはこの要素が欠けていたから、イマイチだったのか！」

「明日から高いモチベーションで働いていけそうです！」

この本で学び取れる力

▼目的を見出す力 ▼モチベーションを高める力

『イノベーション・オブ・ライフ
――ハーバード・ビジネススクールを巣立つ君たちへ』
クレイトン・M・クリステンセン、
ジェームズ・アルワース、カレン・ディロン著
櫻井祐子訳
翔泳社

前回ガイドした『7つの習慣』では、第2の習慣として「目的の重要性」を挙げています。あるいは、ふだん仕事をしていても、「もっと目的を持って働いていこう」「そもそも何のためにこのプロジェクトを始めたのかに立ち返ろう」といったようなセリフがよく飛び交っているのではないでしょうか。

仕事においても人生においても、「目的」は重要なキーワードです。一方で、「なぜ働くのか？」「何のために生きるのか？」といった目的は、確かに大切な問いかけではあるのですが、どうしても抽象度が高くなってしまいます。

そんなときに参照したいのが、名著と評されるような本です。「はじめに」でも書いた通り、抽象的な内容やメッセージだからこそ、こうした問いについて深く考える際に役立てることができます。ただし、そのためには「ジブンゴト化」のプロセスを経る必要があり、それを「1枚」埋めるだけで実現できてしまうというのが、本書の最大の特徴です。

今回は「目的の本質」について学べる名著**『イノベーション・オブ・ライフ』**を参照しながら、この一連の流れを体感していってください。

著者のクリステンセンは、ハーバード・ビジネス・スクールの教授でした。通常、クリステンセンの代表作は**『イノベーションのジレンマ』**（翔泳社）という戦略論の名著であり、他のブックガイドをひも解くとこちらが紹介されているケースのほうが大半です。

もちろん『イノベーションのジレンマ』も重要な本ですが、戦略論と書いた通り、内容としては経営者や戦略立案担当者向けなので、本書では立場や年次を問わず全社会人必読の『イノベーション・オブ・ライフ』を選書しました。

というのも、この本の原書のタイトルは『How will you measure your life?』です。**「何を人生のメジャー＝モノサシにして生きていくか？」**という意味ですから、すべての人に当てはまる内容になっています。私自身、この10年の間に何度も再読している座右の書の1つです。特に子供が生まれてからは、「仕事と子育ての両立に奮闘する親にとってのバイブル本」としても繰り返し参照しています。

今回はこれまでと流れを変えて、まず埋めてみてほしい「1枚」があります。

ズバリ、**「あなたの仕事や人生のメジャー＝モノサシ」**は何でしょうか。「なぜ、働くのか？」「仕事や人生の目的は？」といった問いに換言してもらっても構いませんので、図10のような「1枚」を埋めてみてください。

図10 仕事や人生のモノサシになるもの

あなたの仕事や人生のモノサシは?	○○○	○○○	○○○
○○○	○○○	○○○	○○○
○○○	○○○	○○○	○○○
○○○	○○○	○○○	○○○

『イノベーション・オブ・ライフ』は、クリステンセン教授がハーバード・ビジネス・スクールで行なった最期の授業がベースとなっています。

ハーバードに入れるような極めて優秀な学生たちであるにもかかわらず、卒業後に誰もが幸せになっているわけではない……。仕事やキャリアでの成功に邁進《まいしん》するあまり、その過程で何か大切なことを見失ってしまっているのではないか。

『イノベーション・オブ・ライフ』は、このような問題意識から世に問われた本です。したがって、本書が説く人生の「メジャー＝モノサシ」は、仕事での成功や地位・名誉といったものではありません。

では、いったい何なのか。

本の終盤で、クリステンセンは「メジャー＝モノサシ」に関連するキーワードとして**「目的」「自画像」「献身」「尺度」**といったキーワードを挙げています。

再度繰り返しますが、仕事で「成果を出し、昇進・昇格し、キャリアアップして成功すること」は人生の「尺度＝目的」にはなりません。

これを「自画像」という別のキーワードと組み合わせて理解してみましょう。

原書では、「自画像＝Likeness」と表記されているのですが、この訳がどうして「自画像」になるのか。

これは、文字通り自分の自画像が美術館に飾ってあることを想像してみると一気にわかりやすくなります。もし、その自画像から読み取れることが、金銭欲・権力欲といった目的意識ばかりだったとしたら……。

「献身＝没頭」の結果として、そんな要素しか滲《にじ》み出ていないような「人相＝自画像＝Likeness＝自身の選好」になってしまっていたとしたら……。

こんな「自画像＝生き様」は、私だったら絶対に嫌です。

好きなことをやりつつも、「今だけ、金だけ、自分だけ」をどれだけ超えていけるか。「Likeness＝自画像」という翻訳のニュアンスを、私はこのように解釈して受け取っています。

あるいは、本の中では「衛生要因（衣食住といった生活的基盤の安定的な確保）より動機付け要因（心の底からやりたいかどうか）を重視しよう」「短期志向だけでなく長期志向も大切にしよう」「必然だけでなく偶然もフル活用していこう」「子育てを安易にアウトソーシングするな」等々、さまざまな人生の「尺度＝判断基準」が紹介されています。いずれも、誰もが陥ってしまいがちなワナばかりです。

以上、これで「目的」「自画像」「献身」「尺度」といったキーワードについては、一通りカバーできました。

さて、本題です。

ここまでの内容を踏まえたとき、クリステンセン自身が最も言いたかった「メジャー＝尺度＝目的」は、おそらく次の1文なのではないかと私は考えています。

自分の問題より人の問題を解決することに心を砕くうちに、
絶望は消え、再び幸せを感じるようになったのだ。

これが、クリステンセンが最期の授業で私たちに残してくれた「目的の本質」だと、私は受け取りました。すなわち、仕事にせよ人生にせよ、私たちは何のために働き、生きるのかといえば、その最も端的な答えは**「自分よりも人の問題を解決すること=他者貢献」**にある。

もう少し「モノサシ」的な表現で書き換えるのであれば、**「どれだけ家族や他者、社会の役に立てたのか?」**。

あるいは、自分の人相や背中、佇《たたず》まいや立ち振る舞いから**「私利私欲を超えた自己超越=他者貢献的な要素がどれだけ滲み出ているか?」**ということになります。

具体的にどの分野で、どのような関わり方で「世のため、人のため、家族のため」を追求するかは、自分なりに見出していくしかありません。

その際、原書の表現は「Likeness」ですから、基本的には好きなこと・やりたいことをやっていけばよい。ただし、**人生を測る必要条件は、自己実現以上に「自分以外の他者**

が登場するか」という自己超越＝他者貢献的要素にかかっている。

この点と常に向き合っていく必要があるわけです。

非常に重要な話なので、第3章の最後でもう一度、別の本をガイドしながらこのテーマについては触れますが、現時点からできることが1つあります。

先ほど埋めてもらった「1枚」を、じっくり見直してみてください。

「自分以外の他者や社会への貢献要素」がどれだけ登場していたでしょうか。「世のため、人のため、家族のため」といった前提で書かれていたものは数多くあったでしょうか。

もし、「成長」「自己実現」「キャリアアップ」「昇進・昇給」的な「自己完結系のメジャー＝モノサシ」ばかりだったのだとしたら……。

この後すぐに『イノベーション・オブ・ライフ』を買って熟読してください。今回のガイドを補助線にしてもらえば、一生ものの読書体験になると約束します。

あるいは、『イノベーション・オブ・ライフ』の後に出版された**『ジョブ理論』**（ハーパーコリンズ・ジャパン）もオススメです。この本は、「ジョブ＝相手が本音のところで片づけたいと感じ、考えている用事」をどうやって把握するかについて書かれていて、まさに「他者貢献をどうにか理論化すること」が最大のテーマとなっています。

仕事や人生のモノサシを「自分の問題より他者・社会の問題を解決すること」に見出したからこそ、クリステンセンは『イノベーション・オブ・ライフ』を最期の本とはせずに、その後に『ジョブ理論』を出したのではないか。

さらに補足をすれば、実際の遺作は**『繁栄のパラドクス』**（ハーパーコリンズ・ジャパン）という本になるのですが、この本はよりマクロ的な社会貢献にまでスコープが広がっています。私はこの3冊を「最期の3部作」と勝手に解釈し、位置づけ、『イノベーションのジレンマ』以上に重視し愛読してきました。関連書籍としてぜひ参照していってください。

以上、今回は「1P＝ヒトコトによる学びのまとめ」を知らない状態で読み進めてもらう必要があったので、「1枚」要約を後回しにしました。ここまでの話は図11にまとめましたので、一通り確認、おさらいしてみてください。

さて、それでは次の本に進みましょう。

図11『イノベーション・オブ・ライフ』を紙1枚にまとめたもの

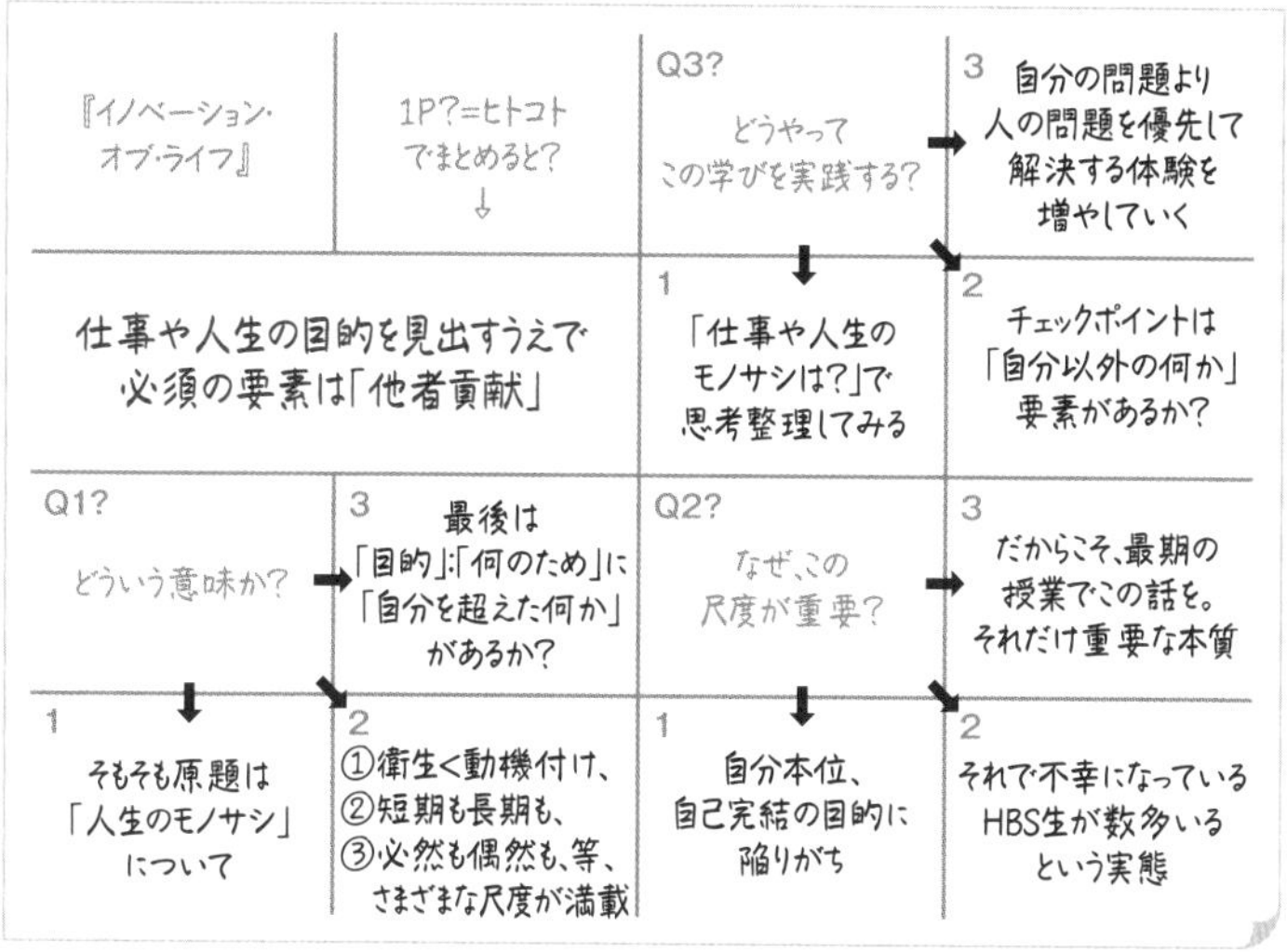
『イノベーション・オブ・ライフ』
1P?=ヒトコト でまとめると?
Q3? どうやって この学びを実践する?
3 自分の問題より 人の問題を優先して 解決する体験を 増やしていく
仕事や人生の目的を見出すうえで 必須の要素は「他者貢献」
1 「仕事や人生の モノサシは?」で 思考整理してみる
2 チェックポイントは 「自分以外の何か」 要素があるか?
Q1? どういう意味か?
3 最後は 「目的」:「何のため」に 「自分を超えた何か」 があるか?
Q2? なぜ、この 尺度が重要?
3 だからこそ、最期の 授業でこの話を。 それだけ重要な本質
1 そもそも原題は 「人生のモノサシ」 について
2 ①衛生く動機付け、 ②短期も長期も、 ③必然も偶然も、等、 さまざまな尺度が満載
1 自分本位、 自己完結の目的に 陥りがち
2 それで不幸になっている HBS生が数多いる という実態

ここまで4冊は海外の本ばかりを紹介してきましたので、日本が誇る名著の中から1冊、第1章以降のベースとなる**「実行力」**を培う本を、序章の最後としてピックアップします。

05 本を読んでおしまいではなくジブンゴト化する

読む前

「どうしても、本を読むことで精いっぱいになってしまう……」

「本を読み終わったら、それで満足してしまう……」

「読後の実践が主役と言われても、なかなか行動に移せない……」

読んだ後

「すでに江戸時代から、読んだ後が大事だと言われていたのか！」

「このような捉え方ができれば、もっと行動していけそうです！」

「学びっぱなしにせず、まとめる習慣を身につけたいと思います！」

この本で学び取れる力
▼実行力
▼学びっぱなしで終わらせない力

『二宮《にのみや》翁《おう》夜《や》話《わ》』
二宮尊徳著
児玉幸多訳
中央公論新社

序章の最後を飾る書籍は、二宮尊徳《にのみやそんとく》の本を選びました。

二宮尊徳とは二宮金次郎《きんじろう》のことで、昔はどの学校にも銅像がありました。内村鑑三《うちむらかんぞう》による名著**『代表的日本人』**（岩波書店）にも登場する大人物である一方、講演等でときおり「二宮尊徳を知っていますか？」と聞いてみると、知らない人のほうが多いといった場面も増えてきました。

近年は「元祖・歩きスマホ」などとＳＮＳでネタにされ、銅像の撤去も進んでいるようですが、私は東京駅近くの八重洲ブックセンターの二宮金次郎像（残念ながら２０２３年になくなってしまいましたが）を見るたびに、**「水と氷柱《つらら》と温気《うんき》」**の話を思い出していました。

今回はこの部分に絞って、**『二宮翁夜話』**から得た学びを「１枚」にまとめました。図12をご覧ください。また、原文も書籍から引用してみます。

> 書物の注釈というものは、また氷に氷柱が下ったごとく、水の解けてまた氷柱となったのと同じで、世の中を潤さず、水の用をなさない（中略）氷となった経書を世の中の用に立てるには、胸の中の温気（暖かみ）をもってよく

図12『二宮翁夜話』を紙1枚にまとめたもの

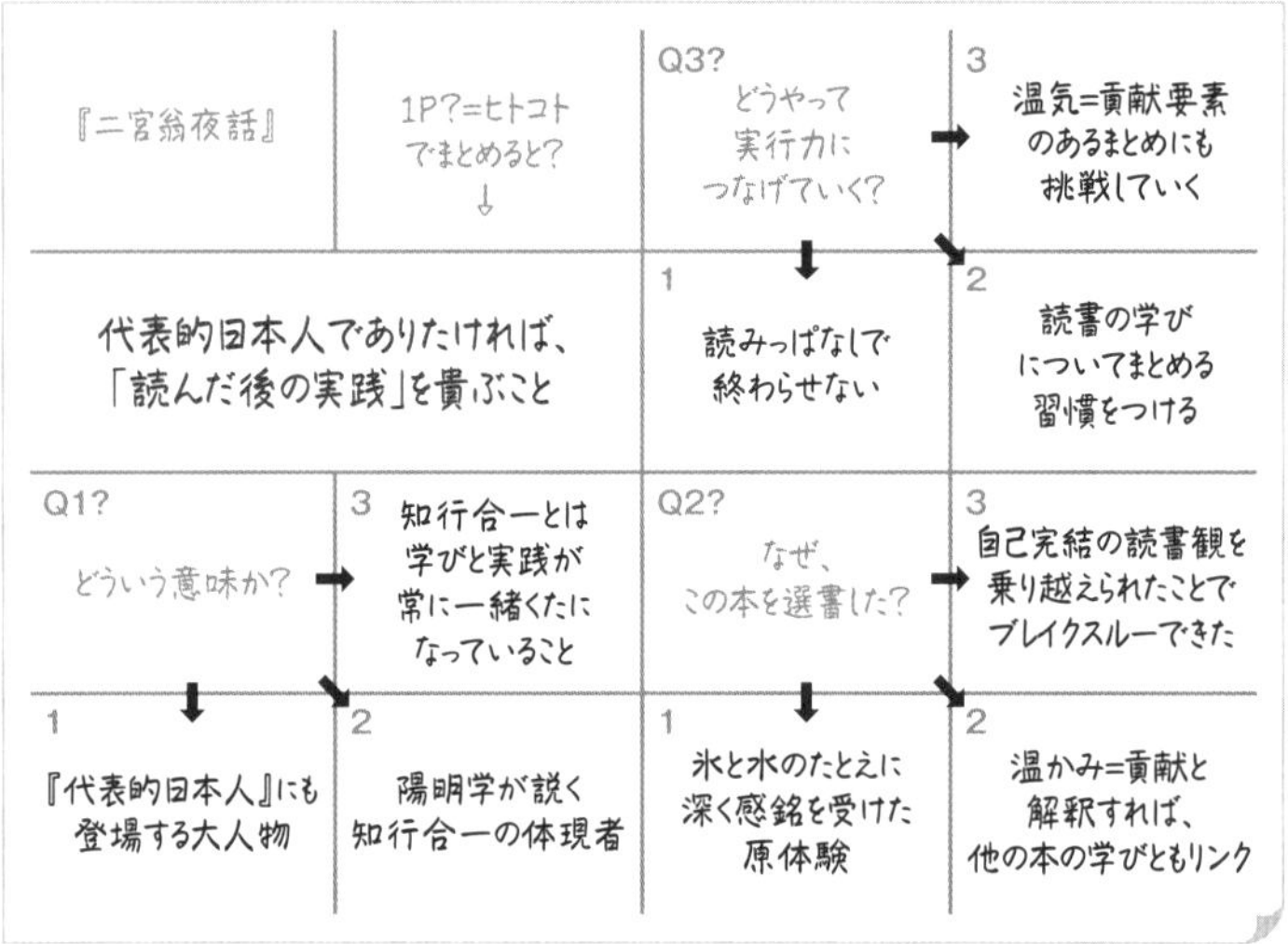

『二宮翁夜話』
1P?=ヒトコト
でまとめると?
Q3?
どうやって
実行力に
つなげていく?
3
温気=貢献要素
のあるまとめにも
挑戦していく
代表的日本人でありたければ、
「読んだ後の実践」を貴ぶこと
1
読みっぱなしで
終わらせない
2
読書の学び
についてまとめる
習慣をつける
Q1?
どういう意味か?
3
知行合一とは
学びと実践が
常に一緒くたに
なっていること
Q2?
なぜ、
この本を選書した?
3
自己完結の読書観を
乗り越えられたことで
ブレイクスルーできた
1
『代表的日本人』にも
登場する大人物
2
陽明学が説く
知行合一の体現者
1
氷と水のたとえに
深く感銘を受けた
原体験
2
温かみ=貢献と
解釈すれば、
他の本の学びともリンク

解かしてもとの水として用いなければ世の潤いにならず、実に無益のものだ。（中略）それゆえ、わが教えは実行を尊ぶ。

これは要するに「本を読んでおしまい」というのは、ただ学びや気づきを得ただけという意味です。二宮尊徳の言葉に置き換えれば、まだ「氷・氷柱」の状態に過ぎません。

本書のコンセプトのように、**読んだ後「自らの温気《うんき》で氷を溶かし、水として活用する」**からこそ、読書体験が実を結ぶわけです。

では、「胸の中の温気」とは、具体的に

何を指すのでしょうか。

ここまで順番に読み進めてくれていれば、もうつながっているはずです。

そうです。

温気とは、クリステンセンのいう**「自分の問題より人の問題を解決することに心を砕くこと」**。すなわち、**「貢献」というハートフルな「暖かみ」のこと**なのではないでしょうか。

読書の際、この目的意識が不足しているからこそ、本を読んでも仕事や人生に活かすことができない……。こう捉えてみることで、序章で選書した5冊が、すべてつながってきます。

「アイデア力」も「タイムマネジメント力」も、自分のためだけではなく、他者や組織や社会への貢献のために磨く。こうした暖かみのある目的をベースに優先順位をつけていくからこそ、氷の学びを溶かし、水として用いる=日常的に活かせるわけです。

以上、「読んだ後が大切」という本質について、すでに江戸時代から「代表的な日本人」によって喝破されていたのだということを確認してきました。

逆に言えば、当時も今も、読書を日常に活かせない人はたくさんいて、非常に普遍性の高い悩みだとも言えます。

いったいどうすれば、こうした現状を乗り越えていけるのか。

といっても、いきなり「温気をまとった目的があるか？」などと問われても困ってしまう人が大半のはずです。「はじめに」で書いた通り、抽象度の高い学びとは、まさにこういったメッセージのことを指します。

このままだと、「大事な話だな」という感想だけで終わってしまいかねません。

そこで、**“「ジブンゴト化」のためのアクション＝「1枚」埋める”**の出番です。

とにかく最初の一歩は「読みっぱなし」にしないことなので、当面は自分のためであっても構いません。まずは序章を通じてあなたが学んだことを、次の図13の「1枚」にまとめてみてください。

ステップ1：左半分を埋める

この「1枚」の左半分はメモ欄です。

序章をここまで読んでみて**自分なりに得た学びや気づきについて、キーワードやフレーズ単位でフレームに記入**していってください。全部で15個ありますが、すべて埋める必要

図13 序章の学びをまとめる

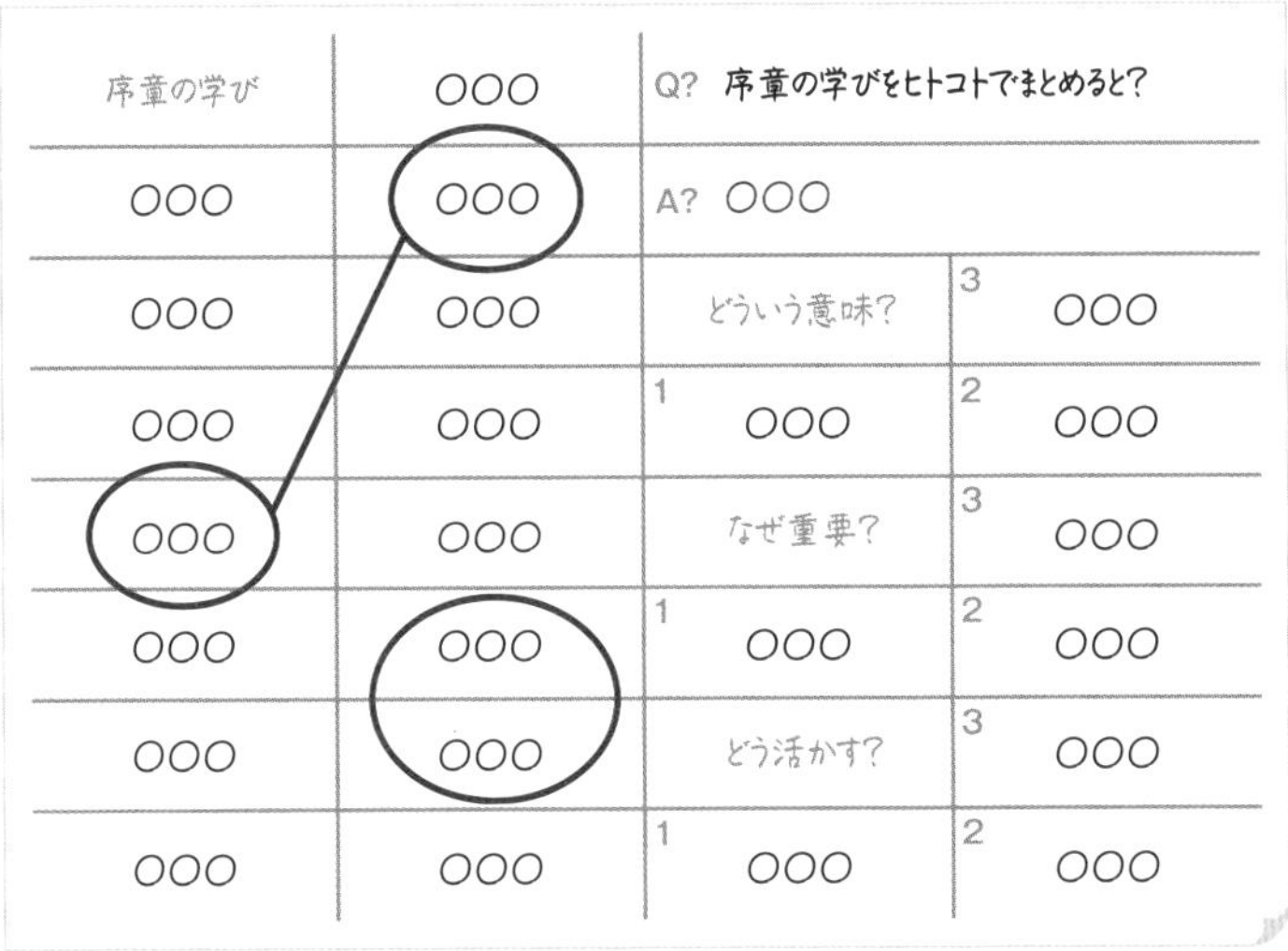

はありません。時間は最大で10分程度にし、時間が来たら次のステップに進むようにしてください。

ちなみに再度明記しておくと、視覚的な区別をつけると思考整理がやりやすくなるため、一応このプロセスは青ペンでやることを推奨しています。ただ、ペンを変えることにハードルを感じるようなら、黒ペン一色でも構いません。

ステップ2：メモを材料に「Answer」をまとめる

一通り記入が済んだら、メモを材料に右半分の**「A?＝Answer」の欄を埋めていきます**。その際、左欄のなかから、赤ペンで特に響いたものを丸で囲ってピックアップしたり、複数の学びをつなげて1つに集約したりといったアクションをしながら、ぜひやってみてください。頭の中だけであれこうだと考えているよりも、はるかに思考整理がやりやすくなります。

ステップ3：「Answer」を「2W1H」で説明できるようにする

ヒトコトでまとめることができたら、私がこれまでの「1枚」まとめでやってきたように、**あなたの学びについても「What」「Why」「How」3つの疑問を解消するように思考整理**してみてください。図の例では「What＝どういう意味？」「Why＝なぜ重要？」「How＝どう活かす？」にしてありますが、必要に応じて別の質問文に変えてもらっても構いません。

ただ、「How＝どう活かす？」に関しては、基本的には固定することをオススメします。というのも、ここをしっかり考え抜いて読書を終えるか、それとも読みっぱなしにしてしまうかの違いで、日々の仕事や人生に役立てられるかどうかが決まってしまうからです。

どうか、読んだ後に「How」までしっかり考える＝「ジブンゴト化」する習慣を、これから身につけていってください。加えて、少しずつで構いませんので、**「How」に「暖**

かみ＝世のため人のため家族のためといった他者貢献」要素も入れられるようになっていってください。

それが、今回の名著を体現することへとつながっていきます。

以上、序章の5冊を通じて、本書が何を狙っているブックガイドなのか十分にわかってもらえたはずです。第1章以降は前後のつながりを比較的ゆるめにして紹介していきますので、必ずしも順番通りに読んでいかなくても構いません。

気になる本から読んでもらって、その際に前後の選書についても学んでいく。

そんなスタイルでも大丈夫ですので、引き続き楽しんでいってください。

第1章

苦手な人付き合い、コミュニケーション疲れから解放、人との関わり方を変えてビジネスを深める

06 一身独立のためにも社交力が常である

読む前

「有名な本だが、何が重要なのか正直ピンとこない……」

「学びが大事、以上！ で理解が止まってしまっています……」

「何のために学ぶのか、福沢諭吉の主張を説明できません……」

読んだ後

「なぜ学ぶのかの理由として、この視点は考えたことがなかった！」

「学んだことを人間関係に活かすってこういうことなのか！」

「この方法で、人望や信頼が得られるよう頑張っていきます！」

この本で学び取れる力

▼社交力 ▼人の役に立てる力 ▼人望を得る力

『学問のすゝめ』
福沢諭吉著
岩波書店

第1章は「コミュニケーション」に関する名著をガイドしていきます。

仕事にせよ日々の生活にせよ、人は独りでは生きてはいけません。何らかのカタチで誰かと関わり、人間関係を紡いでいく必要があります。

だからこそ、まずはコミュニケーションや人間関係構築に関わる名著やベストセラーをガイドしていきたいと考えました。

そのための1冊目として、本書では福沢諭吉の**『学問のすゝめ』**を選書しました。「なぜ、コミュニケーションの章で、しかも1冊目が『学問のすゝめ』なのか?」という問いを大切にしながら、これから読み進めていってください。

まずは最も有名な次の文からガイドをスタートします。

天は人の上に人を造らず人の下に人を造らずと言えり。

「この文で始まる古典的名著とは?」というクイズがあれば、「答えは『学問のすゝめ』です!」といって正解を出せる人も多いはずです。

日本人にとってはなじみ深い冒頭文ですが、私が『学問のすゝめ』から読み取った最大の本質は、この部分ではありません。次の1文になります。

人にして人を毛嫌いするなかれ。

この言葉はどこにあるのかというと、最終ページの最終文です。

『学問のすゝめ』の最初の文は知っているという人も、「では、最終文は何か？」と聞かれると困ってしまうのではないでしょうか。

ですが、誇張でも何でもなく、私はこの最終文に救われる体験をしました。

私は内向的なパーソナリティで、子供の頃から社交が苦手でした。

「できるだけ話さないで済ませたい」という本音がベースにあり、実際あまりコミュニケーションを取ろうとしない傾向があります。特に大学時代の当初はその最盛期で、家と図書館を往復して朝から閉館時間まで本を読むだけの生活を送っていた時期もありました。

それでも、現代は一日中ほとんど誰とも関わらずに生活しようと思えば、実際にできて

図14『学問のすゝめ』を紙1枚にまとめたもの

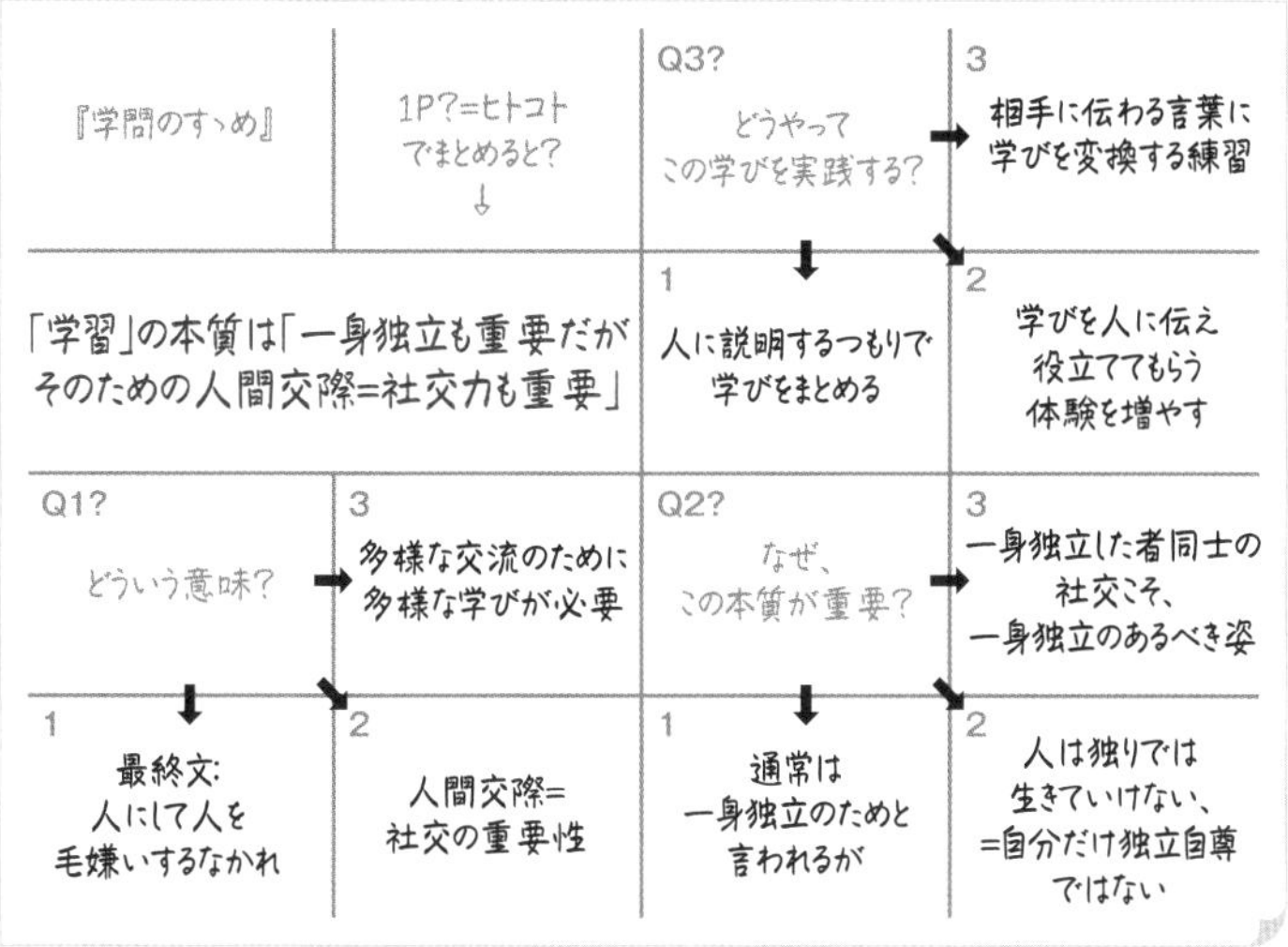
『学問のすゝめ』
1P?=ヒトコト
でまとめると?
Q3?
どうやって
この学びを実践する?
3
相手に伝わる言葉に
学びを変換する練習
「学習」の本質は「一身独立も重要だが
そのための人間交際=社交力も重要」
1
人に説明するつもりで
学びをまとめる
2
学びを人に伝え
役立ててもらう
体験を増やす
Q1?
どういう意味?
3
多様な交流のために
多様な学びが必要
Q2?
なぜ、
この本質が重要?
3
一身独立した者同士の
社交こそ、
一身独立のあるべき姿
1
最終文:
人にして人を
毛嫌いするなかれ
2
人間交際=
社交の重要性
1
通常は
一身独立のためと
言われるが
2
人は独りでは
生きていけない、
=自分だけ独立自尊
ではない

しまう時代です。私自身、こうした読書三昧の日々に喜びを感じていましたし、別にずっとこのままでよいとすら思っていました。

こうした思い込みを解いてくれたのが、『学問のすゝめ』でした。

図14の「1枚」も参照してもらいながら、以降を読み進めていってください。

タイトル通り、この本は「学び続けることの大切さ」を説いているわけですが、ではなぜ私たちは学ぶ必要があるのか。

教科書的な読み解きは、**「一身独立・独立自尊・一国独立のため」**。日本人一人ひとりが自主自立を果たすことで、その総体である日本一国も、西欧列強に伍《ご》して独立を堅守することができる。そのために一所懸命に学ぼうという啓蒙の書が『学問のすゝめ』だといった読み解きです。

一方で、実は本の後半に入ると**「演説（十二編）」**や**「怨望（十三編）」「人望（十七編）」**といったコミュニケーションや人間関係にフォーカスをあてた章も登場します（「怨望＝嫉妬」については、別の本を紹介する際に改めて触れます）。

この文脈や「人にして人を毛嫌いするなかれ」という最終文を重視するのであれば、「なぜ学ぶのか？」に関する答えとして次の1文も成立するのではないかというのが、私なりの読み解きです。

「人間交際＝社交やコミュニケーションを通じて〝人望〟を得るため」に、私たちは学び続けていく必要がある

確かに「一身独立のために学ぶ」は有名なのですが、一方で、本章の冒頭でも明記した通りそもそも人は独りでは生きていけません。たとえば、私の独断では出版という事業は成立せず、出版社や書店、何より読者である皆さんの存在が不可欠です。

あるいは、会社の売上やあなたが受け取る給料や報酬は、自分ではなくお客様が対価を支払ってくれることではじめて成立します。

「人と関わる＝人間交際を通じた人望の獲得」なくして、自主自立はありえない。だからこそ、独立自尊の一辺倒ではなく、**「人にして人を毛嫌いするなかれ＝たくさん学んで、いろいろなことに精通して、さまざまな人たちと関わっていきなさい」**という最終文で終わっている。そんな読み解きも可能なはずです。

とりわけ、「今だけ、金だけ、自分だけ」と言われるほどに個人主義をこじらせてしまった人が増えている現代においては、「一身独立のため」よりも「人間交際のため」に学ぶというメッセージのほうが、むしろ重要なのではないでしょうか。

前述の通り、学生時代の私は「自分のため」だけに、好きなだけ本を読んでいました。ところが、「自己完結」で本を読むのではなく、そこで得た学びを日常の「他者交流」に活かしなさい！　そして「人望」を獲得しなさい！　と『学問のすゝめ』から言われてしまったわけです。

文字通り、目の醒めるような読書体験でした。大学時代の初期にこのような気づきを得られて、本当によかったと心底感じています。

といっても、いきなり読書で得た知見を人に話し始めたわけではありません。それはまだハードルが高かったので、まずは本で学んだことをブログに書いてアウトプットするといった取り組みからスタートしました（ちょうど2000年代前半は、そういったことがはやり出した時期でした）。

その後、読書会等にも参加し、自分の読み解きをダイレクトに人に話す機会も、少しずつ増やしていったのです。

こうした取り組みを続けているうちに、周囲から「なるほど」「たしかに」「面白かった」と言ってもらえる場面も増えていき、徐々に**「ああ、学んだことを人間関係に活かすってこういう感覚なのか」**という手ごたえを得ていきました。

社会人になって以降は、組織人として常に誰かと関わる必要があります。

相変らず雑談は苦手でしたが、それでもたくさん本を読んでいたおかげで、仕事上の悩みや相談に応えるといったことは意外とできそうだということがわかってきました。

うまく答えられないときはさらに本を読み、学びを得て、それをわかりやすく伝えるといった動作に活路を見出し、日々修練を積み重ねていった結果……。

気づけば、何を聞かれても何かしら役に立てることが話せるようになり、「社交が苦手だった」と話しても誰も信じてくれないくらい、多くの人と関わり、信頼関係を構築できるようになっていきました。

その分岐点が、『学問のすゝめ』との出合いだったのです。

ぜひ、人間関係やコミュニケーションを円滑にするうえで学問、本書の文脈に置き換えれば読書が必要だということを、本書から学び取ってください。

なお、「学びを社交や人望獲得に活かす」というメッセージを体現する際にも、「1枚」は活用可能です。本を読むたびに、本書で紹介しているような「1P」「2W1H」「3ポイント」を盛り込んだ「1枚」にまとめ、それを周囲に伝えていきましょう。それだけでも十分に、相手から感謝されるはずです。

1つだけコツを追加すると、まとめる際に**「本の言葉を相手が理解しやすい言葉に言い換えてみる」**と、さらに「わかりやすい」「ありがとう」と言ってもらえるような説明が可能になります。本書で紹介している「1枚」がこうした言い換えの実例にもなっていますので、引き続き読み進めながら参考にしていってください。

以上、『学問のすゝめ』を**「社交力」**や**「人の役に立てる力」「人望を得る力」**といった観点からガイドしてみました。

極めて有名な本ですが、既読・未読問わず新鮮に受け取ってもらえたのであれば嬉しいです。この機会にぜひじっくり読んでみてください。

07 孤独を克服し、自らを愛する

読む前

「正直、便利な時代なので一人でも生きていけると思いますが……」

「人間関係なんて煩わしいし面倒だと感じてしまいます……」

「別に〝おひとりさま〟でも大丈夫なんじゃないでしょうか……」

読んだ後

「独りのほうがラクでいいやと思っている自分には衝撃でした！」

「会社の人ともっと積極的に関わっていこうと思いました！」

「社交力は後天的に習得可能とわかり希望を感じました！」

この本で学び取れる力

▼人と関わる意志力

▼人の話に集中できる傾聴力

『愛するということ』
エーリッヒ・フロム著
鈴木晶訳
紀伊國屋書店

コミュニケーションや人間関係に関する必読書の2冊目は、ドイツの社会心理学者、エーリッヒ・フロムによる**『愛するということ』**を選書しました。

タイトル通り「愛とは何か？」「なぜ人は愛するのか？」「どうすれば愛を実践できるのか？」といった問いについて、その本質を学び取ることができる名著です。

テーマが愛である以上、抽象度は高めとなりますが、だからこそ「1枚」埋めることで「ジブンゴト化」していくプロセスが重要になります。この本を通じて、「人と関わること」の神髄を、少しずつ自身になじませていきましょう。

『学問のすゝめ』を紹介した際、「一身独立のため」と言っても、そもそも人は独りでは生きていけない。だからこそ、「社交のための学び」も重要なのだといった文脈で紹介をしました。

これに対して、『愛するということ』はどちらかというと精神面にフォーカスをあてた人間交際の重要性について学び取れる本です。

「今だけ、金だけ、自分だけ」をメインの価値観にして生きていると、いったい何がまずいのか。まずは、次の一節を味わいながら読んでみてください。

人間のもっとも強い欲求は、孤立を克服し、孤独の牢獄から抜け出したいという欲求である。この目的の達成に全面的に失敗したら、精神に異常をきたすにちがいない。なぜなら、完全な孤立という恐怖心を克服するには、孤立感が消えてしまうくらい徹底的に外界から引きこもるしかない。そうすれば、外界も消えてしまうからだ。

現代は極めてファストな時代です。ここまでテクノロジーが発展してくると、「本当に誰とも関わらずに生きていけそうだ」などと思えてきてしまいます。

しかしながら、それはせいぜい肉体的なレベルでの話。確かに、衣食住を整えてしまえば、とりあえず生きていくことだけなら可能かもしれません。

一方、精神的には孤独に耐えられなくなってしまう。

だからこそ、人は人を愛するのだというのが、『愛するということ』から学べるエッセンスの1つです。

ただ、あくまでも今回はコミュニケーションや人間関係構築の文脈で紹介していますので、もう少しライトに「人と関わること、つながること」の本質として置き換えていきましょう。いずれにせよ、最大のキーワードは**「孤独の克服」**であり、これが根源的な欲求である以上、経済的にも肉体的にも精神的にも、やはり人は独力だけでは生きていけないのです。

「そうはいっても、人付き合いは苦手なので……」となってしまっている人もいるかもしれません。私もそう感じてしまう側のパーソナリティではあるのですが、そんな私たちに、フロムは次のような本質を残してくれています。

愛は能動的な活動であり、受動的な感情ではない。そのなかに「落ちる」ものではなく、「みずから踏みこむ」ものである。愛の能動的な性格を、わかりやすい言い方で表現すれば、愛は何よりも与えることであり、もらうことではない、と言うことができよう。

以降は図15の「1枚」まとめも参照しながら、読み進めていってください。

先ほどの引用文の最大のポイントは、**「愛は受動的な感情ではない」**という本質です。

そもそも『愛するということ』の原書タイトルは、『The art of loving』。武術のことを

図15『愛するということ』を紙1枚にまとめたもの

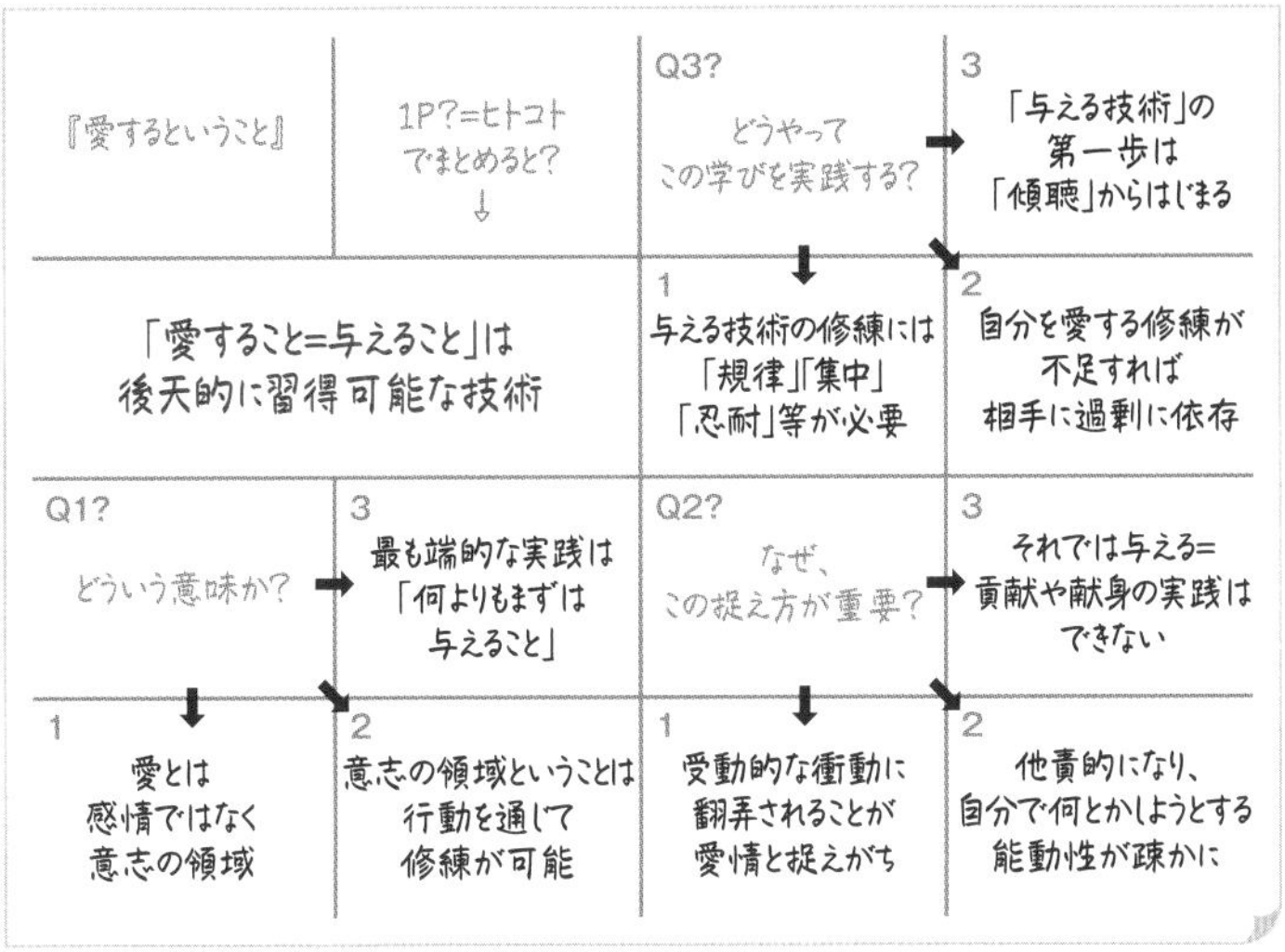

『愛するということ』
1P?＝ヒトコトでまとめると?
Q3?
どうやってこの学びを実践する?
3
「与える技術」の第一歩は「傾聴」からはじまる
「愛すること＝与えること」は後天的に習得可能な技術
1
与える技術の修練には「規律」「集中」「忍耐」等が必要
2
自分を愛する修練が不足すれば相手に過剰に依存
Q1?
どういう意味か?
3
最も端的な実践は「何よりもまずは与えること」
Q2?
なぜ、この捉え方が重要?
3
それでは与える＝貢献や献身の実践はできない
1
愛とは感情ではなく意志の領域
2
意志の領域ということは行動を通じて修練が可能
1
受動的な衝動に翻弄されることが愛情と捉えがち
2
他責的になり、自分で何とかしようとする能動性が疎かに

英語でマーシャル・アーツと言ったりしますが、これと同じで「The art of loving」は「愛する技術」という意味です。技術である以上、**「愛すること」は後天的に習得や向上が可能**だということを意味します。**愛とは「能動的な活動」であり、感情というよりは「行動を伴った意志の領域の話」**なのです。「読んだ後の能動的な活動＝行動＝アクション」を重視する本書において、この本質を知っておくことは極めて重要なのではないでしょうか。

では、具体的にどんな技術を磨いていけばよいのかというと、先ほどの引用文にある通りフロムは何より**「与えること」**だと

言っています。

加えて、「愛する技術＝コミュニケーションの技術＝与える技術」を修練していくための条件として**「規律」「集中」「忍耐」**等、さまざまなキーワードを本の中で挙げてくれているのですが、今回は「集中」に絞って補助線を引いておきます。

というのも、「集中」に関するフロムの記述が、現代の読者にとって極めて重要だと考えているからです。

実際、集中できるということは、ひとりきりでいられるということであり、ひとりでいられるようになることは、人を愛せるようになるための必須条件のひとつである。

これはどういうことかというと、孤独に耐えて（忍耐）、自らを律し（規律）、何かに没頭できる（集中）ような人間でなければ、独りぼっちになってしまうことへの恐怖心からただ逃れるためだけに、人とつながり、相手に過剰に依存してしまうのです。

だからこそ、日々の修練を通じて、まずは**「自らを愛する、承認する、肯定する技術」を磨いていく**必要がある。こう捉えられると、**日常的な人間関係において相手に何かを期**

待する前に、自分自身にできることが実はまだまだたくさんあると気づけるのではないでしょうか。

そのうえで、磨いた集中力を次のように発揮していきたいのです。

他人との関係において精神を集中させるということは、何よりもまず、相手の話を聞くということである。

相手の話を真剣に聞く。こう書いてしまえば実に当たり前のことだと感じるかもしれませんが、いったいどれだけの人が、この本質を体現できているのか。

私の仕事場である社会人教育の世界では、コロナ禍以降オンラインでの研修や講演が一般化しました。あなたは普段、どのくらい集中してウェブ上での受講ができているでしょうか。あるいは、オンラインとはいえグループワークも伴うような学習機会の際、相手の言動にしっかり注意を払えているでしょうか。

他の仕事が気になり、スマホの通知が気になりという感じで、あっという間に心ここにあらずになってしまう……。『愛するということ』が書かれた約70年前ですら、すでに「まとまりを欠いた散漫な生活」といった記述が登場します。もしフロムが現代社会を見たら、あまりの散漫さに唖然《あぜん》とするのではないでしょうか。

だからこそ、序章の『経営者の条件』で紹介した「まとまった時間の確保」という本質が重要になってくるわけです。そして、スマホをいじらずに相手の話をじっくり、集中して聞く。

その際、手ぶらでヒアリングするよりは、手元に紙があったほうが圧倒的に傾聴しやすくなります。たとえば、図16のようなイメージです。

傾聴の際は、ただ白紙の紙に書いていくよりも、フレームに埋めながらやっていったほうが圧倒的にやりやすくなります。

また、本からの読み解きをまとめる際にフル活用している「What」「Why」「How」の枠組みが、ここでも活用可能です。

加えて、箇条書きよりもこうやって一覧性の高い形式にしたほうが横断的なヨコのつながりも見えやすくなってくるので、より深く聴くことができます。

相手の本音や真意を読み取っていく用途においても、「1枚」「2W1H」「3ポイント」

図16 相手の話を傾聴するために

●相手の話を傾聴するために	何を相談したいのか？（What?）	なぜ、解決できないのか？（Why?）	どう状況を打開する？（How?）
	○○○	○○○	○○○
	○○○	○○○	○○○
	○○○	○○○	○○○

は非常に有効な枠組みです。ぜひ、実際に活用し、「傾聴」という文脈でも**「愛する技術＝コミュニケーションの技術＝与える技術」**を実践していきましょう。

以上、『愛するということ』は私に限らず、多くの著名人が「座右の書」として手元に置いている1冊です。人とのつながりが希薄になっている現代社会の日常について、「本当にこのままでよいのだろうか？」と感じている人ほど、読んでみてください。

08 自己を犠牲にするのではなく他者志向で与える

読む前

「与えるのが大事と言われても、なかなか実践できません……」

「どうしても損得勘定で考えてしまいます……」

「偽善っぽい感じがして、ギブという考えが苦手です……」

読んだ後

「なるほど、与える人にも2種類いるのだと理解できました！」

「自己犠牲にならない与え方の本質がつかめた！」

「自分で抱え込まず、人に頼ることができそうです！」

この本で学び取れる力

▼心身ともに疲弊せずに人と関われる力
▼人に頼る力

『GIVE & TAKE
「与える人」こそ成功する時代』
アダム・グラント著
楠木建監訳
三笠書房

本章3冊目は、コミュニケーションや人間関係構築において重要な**「与えること」**に関する本質が学び取れる本を紹介します。

これも有名なベストセラーなので、もしかするとあなたの周りに「ギバー」や「テイカー」といった言葉を普段から使っている人がいるかもしれません。そうした言葉の出典・原典にあたる本が、今回ガイドする**『GIVE&TAKE「与える人」こそ成功する時代』**（以下、『GIVE&TAKE』）です。

著者のアダム・グラントは、米国ペンシルバニア大学ウォートン校の史上最年少終身教授であり、組織心理学者でもあります。『GIVE&TAKE』は一般の読者向けに成功の秘訣をまとめた本で、2014年の発刊以来、ベストセラー・ロングセラーとなっているビジネス書です。

書籍の中ではもう1つ加えて、次の3つの分類になっています。

- ●ギバー（Giver）：与える人
- ●テイカー（Taker）：受け取る人、奪う人
- ●マッチャー（Matcher）：帳尻を合わせる人、損得のバランスを取る人

この本を多くの人が推す理由は、次の洞察が優れているからです。

「3つのうち、最も成功しそうな人は誰ですか?」と問われれば、誰もが「ギバー」だと答えます。


では、最も苦労する人、成功から遠いところにいる人は誰でしょうか。

「テイカー」ではありません。かといって、「マッチャー」でもありません。

答えは、こちらの問いの答えも「ギバー」なのです。


これは、いったいどういうことなのか。

認識を深めるカギは、ギバーを2つに分けることです。

『GIVE&TAKE』では、**「自己犠牲」**と**「他者志向」**という2つの型が登場します。

このうち、前者の**「自己犠牲型ギバー」**は「テイカー」に搾取される格好の対象になってしまう……。くれぐれも「滅私奉公」的な美徳を盲信するなと言っているわけです。


一方、**「他者志向型ギバー」**については、該当箇所を引用してみます。

「他者志向」になるということは、受けとるより多くを与えても、けっして自分の利益は見失わず、それを指針に、「いつ、どこで、どのように、誰に与えるか」を決めること

どうでしょうか。かつては、自己犠牲を美徳とするカルチャーも強かったと思いますが、何事もバランスです。自分の利益も、ちゃんと大切にするときはする。

ただ、もう少し深いところで『GIVE&TAKE』の本質をつかんでおきたいので、追加で1つ質問を。

「自分を犠牲にしない程度で与える」というのは、要するに「マッチャー」と同じなのではないでしょうか。

だとすると、「他者志向型ギバー」と「マッチャー」の違いは何なのでしょうか。

ぜひ、ひとしきり思考整理してから図17を確認するようにしてください。

では、いきます。

図17『GIVE&TAKE「与える人」こそ成功する時代』を紙1枚にまとめたもの

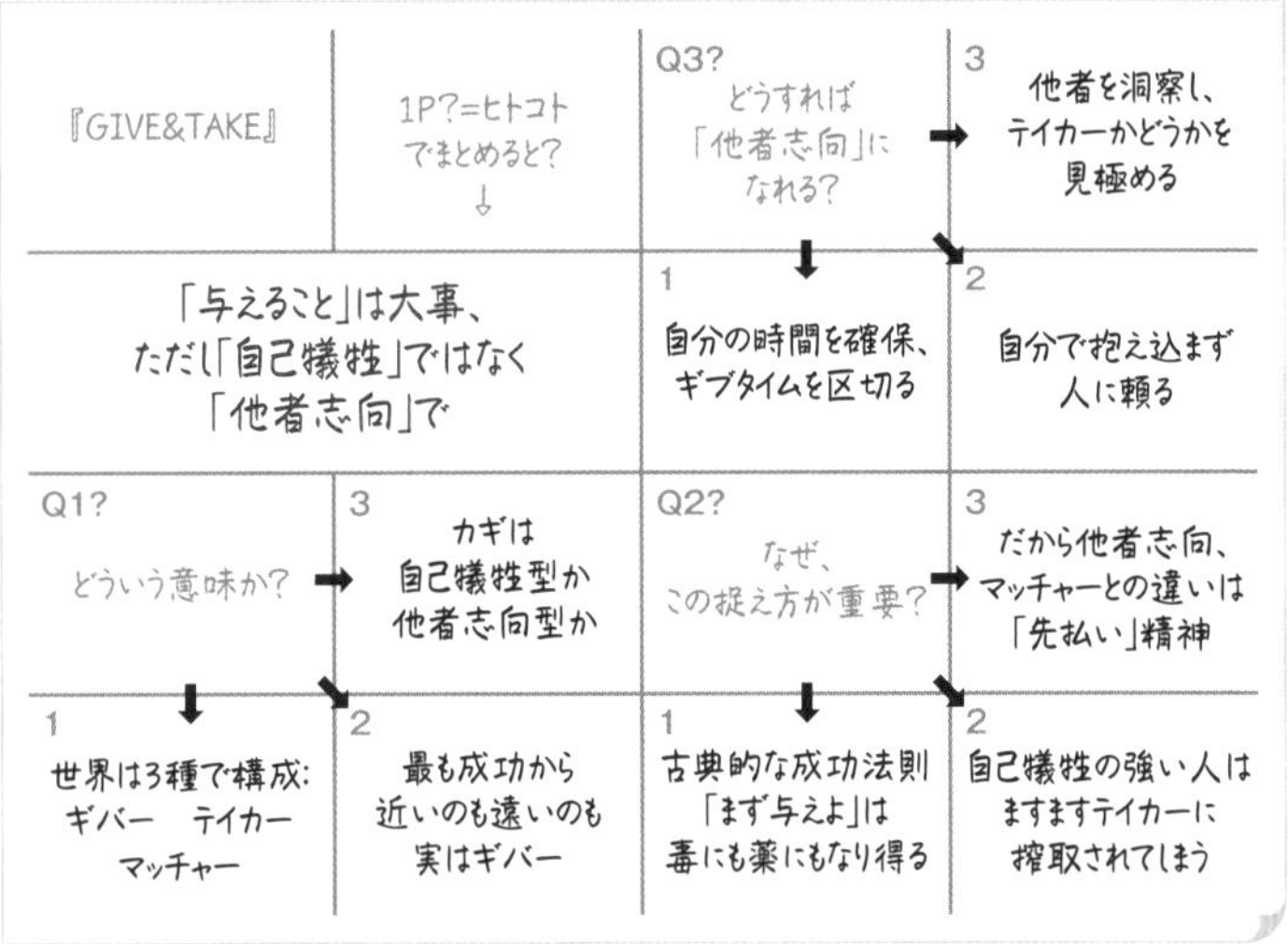
『GIVE&TAKE』
1P?=ヒトコトでまとめると?
Q3? どうすれば「他者志向」になれる?
3 他者を洞察し、テイカーかどうかを見極める
「与えること」は大事、ただし「自己犠牲」ではなく「他者志向」で
1 自分の時間を確保、ギブタイムを区切る
2 自分で抱え込まず人に頼る
Q1? どういう意味か?
3 カギは自己犠牲型か他者志向型か
Q2? なぜ、この捉え方が重要?
3 だから他者志向、マッチャーとの違いは「先払い」精神
1 世界は3種で構成: ギバー テイカー マッチャー
2 最も成功から近いのも遠いのも実はギバー
1 古典的な成功法則「まず与えよ」は毒にも薬にもなり得る
2 自己犠牲の強い人はますますテイカーに搾取されてしまう

答えは、**「先払いか後払いか」**です。

「マッチャー」的感覚では、「とりあえずギブ＝まずは与える」の精神が希薄になります。常にリターンを勘案してから、テイクと丁度よいあんばいで与える。それも「先んじて」ではなく、他者から受け取った「後」にギブする。これが基本型です。

一方、「他者志向型ギバー」も「自己犠牲型ギバー」も、「とりあえず与える」が「先に」きます。ここが「マッチャー」との分岐点で、**当初の「ギバー」は損得勘定の発想が希薄**なのです。

ただし、相手が「テイカー」だとわかったら、「他者志向型ギバー」はその時点で与えるのをストップすることができます。

このままだと滅私奉公や自己犠牲モードに陥り、心身を著しく疲弊させかねないと察知するからです。

つまり、ちゃんと**「自己防衛」ができる人、「自己が確立」している人でないと、成功する「ギバー」にはなれない。**ここまで読んでもらえば、『愛するということ』や『学問のすゝめ』とのつながりもつかめてくるのではないでしょうか。

となると、『GIVE&TAKE』を「読んだ後」の実践において最も重要な観点は、**「どうすれば、自己犠牲モードに陥らないか？」**になりそうです。

この点について、著者のアダム・グラントは次のような知見を手渡してくれます。

- **自分の時間を確保する**
- **自分で抱え込まず、人に助けを求める**
- **相手がテイカーかどうかを見極める他者洞察力を磨く**

1つ目は、**「時間」**の観点です。人は、「自分の時間が奪われている」という感覚が強くなってくると、自己犠牲感を抱きます。そうならないために、週に3日は自分の仕事に打ち込み、残りの時間は他者の相談にのるといった「区切り」を能動的につけていくこと。これが重要になってきます。

序章で紹介したドラッカーの「仕事の管理は時間の管理」という本質が、ここでも効いてきます。ぜひ、あのタイムマネジメントを真剣に実践してください。

2つ目の**「助けを求める」の壁を乗り越えていく**は、言い換えると**「人に頼むのは面倒だから、だったら自分でやる」**という意味です。

私自身この傾向は強いほうなのですが、だからこそ、日頃から「1枚」レベルにまとめて、2W1Hでわかりやすく伝える技術を修練しています。そうすれば、そこまで**コミュニケーションのストレスを感じることなく、もっと気軽に人に頼めるようになる**からです。

あるいは、特に「仕事を頼む」という文脈では、次のような「1枚」を作成することも有効な処方せんになります。

図18の「1枚」は、元々はマネジャー職の読者や受講者の皆さんに、部下をマネジメン

郵便はがき

料金受取人払郵便

渋谷局承認

2087

差出有効期間
2025年12月
31日まで
※切手を貼らずに
お出しください

150-8790

130

〈受取人〉
東京都渋谷区
神宮前 6-12-17
株式会社ダイヤモンド社
「愛読者クラブ」行

本書をご購入くださり、誠にありがとうございます。
今後の企画の参考とさせていただきますので、表裏面の項目について選択・ご記入いただければ幸いです。

ご感想等はウェブでも受付中です（抽選で書籍プレゼントあり）▶

年齢	（　　　）歳	**性別**	男性 ／ 女性 ／ その他
お住まいの地域	（　　　）都道府県　（　　　）市区町村		
職業	会社員　経営者　公務員　教員・研究者　学生　主婦 自営業　無職　その他（　　　）		
業種	製造　インフラ関連　金融・保険　不動産・ゼネコン　商社・卸売 小売・外食・サービス　運輸　情報通信　マスコミ　教育 医療・福祉　公務　その他（　　　）		

DIAMOND 愛読者クラブ　メルマガ無料登録はこちら▶

書籍をもっと楽しむための情報をいち早くお届けします。ぜひご登録ください！

- 「読みたい本」と出合える厳選記事のご紹介
- 「学びを体験するイベント」のご案内・割引情報
- 会員限定「特典・プレゼント」のお知らせ

①本書をお買い上げいただいた理由は？
（新聞や雑誌で知って・タイトルにひかれて・著者や内容に興味がある　など）

②本書についての感想、ご意見などをお聞かせください
（よかったところ、悪かったところ・タイトル・著者・カバーデザイン・価格　など）

③本書のなかで一番よかったところ、心に残ったひと言など

④最近読んで、よかった本・雑誌・記事・HPなどを教えてください

⑤「こんな本があったら絶対に買う」というものがありましたら（解決したい悩みや、解消したい問題など）

⑥あなたのご意見・ご感想を、広告などの書籍のPRに使用してもよろしいですか？

1　可　　　　2　不可

※ご協力ありがとうございました。

【見るだけ読書】119464●3350

図18 仕事の依頼を紙1枚に埋めてみる

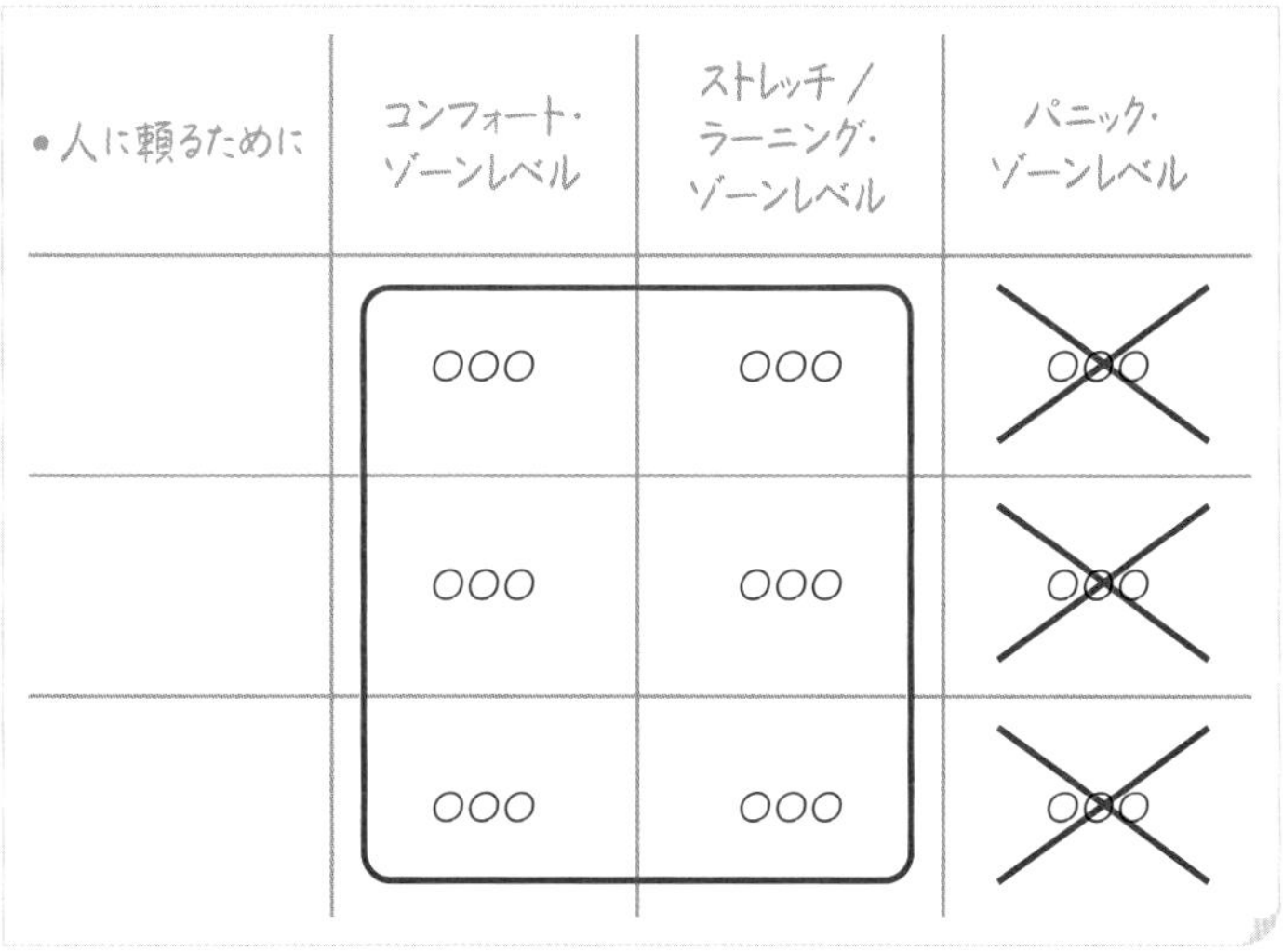

トする際に活用してもらっている枠組みです。

右の**「パニック・ゾーン」**はチャレンジ要素が強すぎて能力的にどうにもならない仕事です。この領域に入ってしまうような業務を部下に任せても、育成ではなくパワハラになってしまいかねません。

かといって左の「コンフォート＝快適」に処理できるレベルの仕事ばかり任せていたら、それはそれで育成にはつながらず、現状維持に留まらせてしまいます。

そこで、真ん中の**「ストレッチ／ラーニング・ゾーン」**に収まってくるような仕事を部下に任せることで、部下の成長につながるようなマネジメントができる。そんな

「1枚」になっています。

ただし、今回は人材育成の文脈ではありませんので、まずは**「コンフォート・ゾーン」**に位置付けられそうな業務から、優先的にお願いしてみましょう。そうすれば、仕事を過剰に抱え込まずに、もっと人に頼れるようになっていけるのではないでしょうか。

重要なのは、まずはこうやって**自分の置かれた状況を客観視**すること。そうするからこそ、実際に人に頼れる道筋も見えてくるという点です。

ぜひ気軽に「1枚」を埋めて「全部独りで丸抱え→余裕がなくなって自己犠牲モードに」といったバッド・サイクルから抜け出していってください。

最後の「他者洞察」に関しては、別の大変有益な知見がありますので、次はその本をガイドさせてください。隠れた名著的な位置付けになってしまっている本です。

09

4つのタイプ分けで洞察、人間関係が大きく変わる

読む前

「人が何を感じ考えているかなんてまったくわかりません……」

「タイプ分け診断をやったことはありますが、ピンとこない……」

「人間洞察の勘所みたいなものがあるなら知りたいです……」

読んだ後

「自分のタイプが何なのか、わかりました！」

「相手のタイプもわかることで受け入れられそう」

「人間関係を客観視できることで冷静に対処できそうです！」

この本で学び取れる力

▼人が何を感じ、考えているかを洞察する力

『ユダヤ人大富豪の教えIII
――人間関係を築く8つのレッスン』
本田健著
大和書房

図19『ユダヤ人大富豪の教えⅢ』を紙1枚にまとめたもの

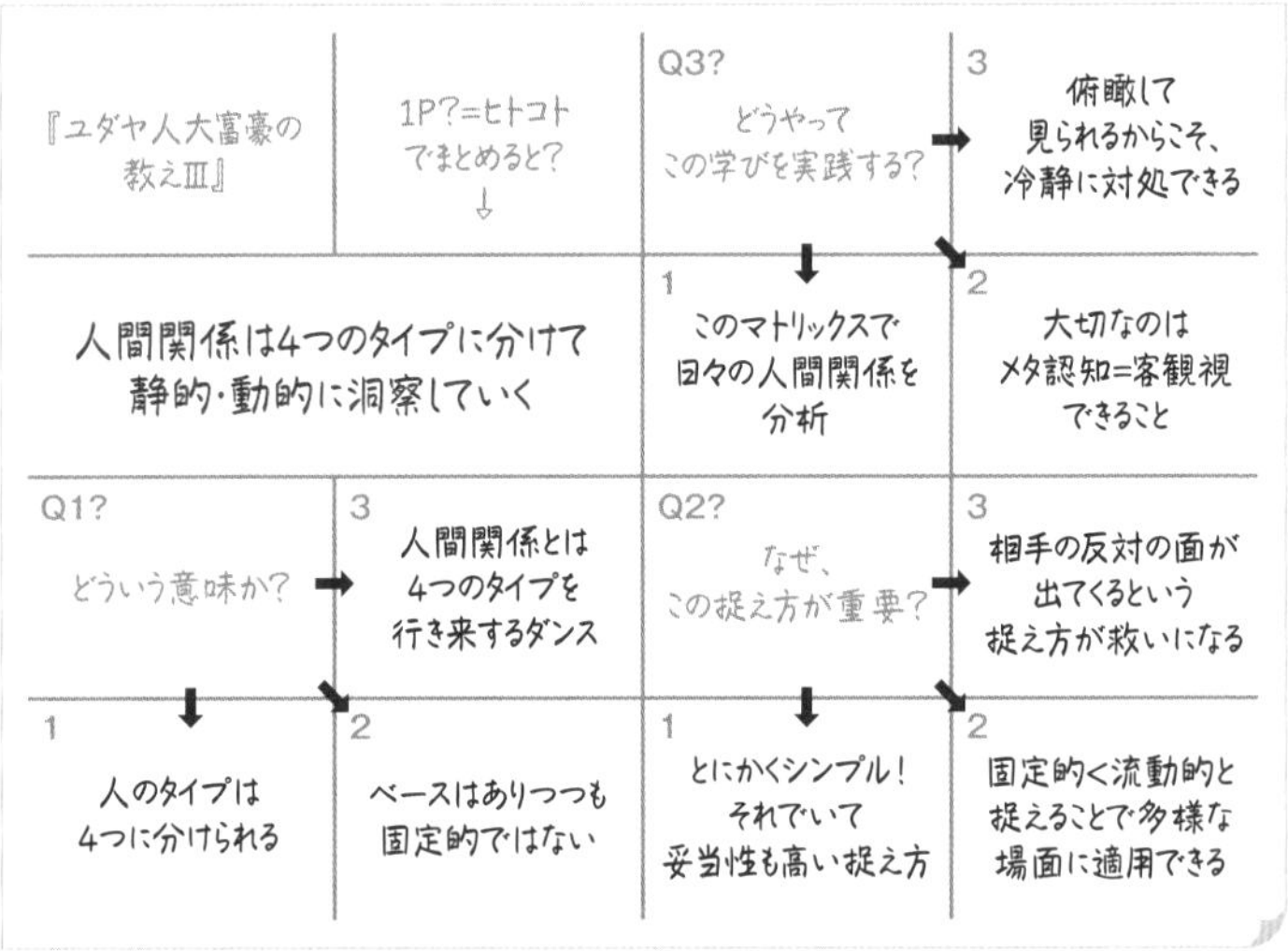
『ユダヤ人大富豪の教えⅢ』
1P?＝ヒトコトでまとめると？
Q3?
どうやってこの学びを実践する？
3
俯瞰して見られるからこそ、冷静に対処できる
人間関係は4つのタイプに分けて静的・動的に洞察していく
1
このマトリックスで日々の人間関係を分析
2
大切なのはメタ認知＝客観視できること
Q1?
どういう意味か？
3
人間関係とは4つのタイプを行き来するダンス
Q2?
なぜ、この捉え方が重要？
3
相手の反対の面が出てくるという捉え方が救いになる
1
人のタイプは4つに分けられる
2
ベースはありつつも固定的ではない
1
とにかくシンプル！それでいて妥当性も高い捉え方
2
固定的く流動的と捉えることで多様な場面に適用できる

『ユダヤ人大富豪の教え』（大和書房）は、2003年に出版され、その後14年かけてじわじわとミリオンセラーを達成した本です。

ただ、私自身が最も影響を受けているのは2011年に刊行された**『ユダヤ人大富豪の教え ふたたびアメリカへ篇』**という続々編（3作目）でした。現在は文庫化された**『ユダヤ人大富豪の教えⅢ』**が手に入りやすいので、こちらを底本にしてガイドをしていきます。

図19が今回の「1枚」まとめです。

『ユダヤ人大富豪の教えⅢ』から得られる最大の学びは、**「人間関係は4つのタイプ**

図20 人間関係のマトリックス

人間関係のマトリックス			
		自立	依存
	ポジティブ	リーダータイプ	場を和ませるタイプ
	ネガティブ	管理者タイプ	カウンセラータイプ

分けで洞察できる」という点にあります。

具体的には、図20のようなマトリックスです。

これは、『ユダヤ人大富豪の教えⅢ』に登場する「人間関係のマトリックス」を、本書で提唱している「1枚」フレームワークの枠組みにトレースしたものになります。

4つのタイプの特徴は、次の通りです。

●**「ポジティブ自立」**

リーダー、社長タイプ、楽観的、エネルギーにあふれている、ビジョン指向、問題解決指向、感情から逃げがち

●「ポジティブ依存」

なごみキャラ、場を柔らかくする、人の反応を気にする、ミスをしがち、いじめられっこタイプ

●「ネガティブ自立」

有能な管理者タイプ、チェックが厳しい、完璧主義者、批判的、いつもイライラしている、いじめっこタイプ

●「ネガティブ依存」

共感能力が高い、有能なカウンセラータイプ、芸術的感性、悲観的、自己憐憫《れんびん》、自己批判が強い

一通り読んでみて、どれが一番自分に当てはまりそうでしょうか。

あるいは、あなたの周囲の人はどうでしょうか。

ぜひ図21のマトリックスを自身でも作成し、あるいは「実践サポートコンテンツ」にあ

図21 名前を記入してみる

自分や周囲の人の名前を記入してみる			
		自立	依存
	ポジティブ	○○○　○○○ ○○○　○○○ ○○○　○○○	○○○　○○○ ○○○　○○○ ○○○　○○○
	ネガティブ	○○○　○○○ ○○○　○○○ ○○○　○○○	○○○　○○○ ○○○　○○○ ○○○　○○○

るデジタル版でも構いませんので、各フレーム＝各タイプに当てはまる人の名前を、実際に書き込んでみてください。

「読んだ後に体験が伴うようなカタチで学ぶこと＝ジブンゴト化すること」で、最も学習効果が高まります。これも、ただ知っているだけ、理解しているだけではまったく意味がありませんので、自身のケースに当てはめることで日常に取り込んでいきましょう。

以上、ここまでの実践を前提に、さらに大切な話をもう1つしておきます。

今回埋めてもらいながらやった洞察＝客観視を、1回限りの「静的＝スタティック

＝固定的なもの」としては捉えないでほしいのです。

そうではなくて、自分や相手のポジションは、状況に応じて「動的＝ダイナミック＝流動的」に変わりうる。このことを味わえるよう、『ユダヤ人大富豪の教えⅢ』は物語形式で書かれています。

私自身はこのマトリックスでいうと、「ネガティブ自立」タイプの特徴が一番当てはまります。それがホームベースであることは間違いないのですが、だからといって同じようなタイプの人ばかりと仲よくしていると何が起きるのか。

このパーソナリティはガンガン推進していったり、多くの人を巻き込んでいったりということが苦手です。共感も苦手なので、周囲に配慮したりケアしたりといったことができず、このままでは停滞するばかりで物事が前進していきません。

そこで、「ネガティブ自立」ばかりの集団であっても、誰かが推進役の「ポジティブ自立」の役回りを担ったり、「ポジティブ依存」キャラになって一匹狼集団をコーディネートしていったりする必要が出てくるわけです。

そうやって自分らしくないパーソナリティを続けていれば疲弊する人も増えてくるため、

その際は「ネガティブ依存」タイプのようなケアに長《た》けた人になる必要性も出てくるでしょう。

つまり、**人間関係というのは、「自分のタイプを押し通す営み」ではなく、「相手との関係性に応じて4つのタイプを行ったり来たりするダンスのようなもの」**なのです。これが『ユダヤ人大富豪の教えⅢ』の最大の読みどころとなります。

加えて、先ほど私は「ネガティブ自立」タイプだと書きましたが、このアイデンティティに悪い意味で固執していると、しだいに人間性をこじらせてしまう場合があります。

人間は誰しも過剰になってしまう生き物なので、「ネガティブ自立」が頑なになり過ぎて、完璧主義や相手の欠点にばかりフォーカスがいくような時期や状況にどうしても陥ってしまう……。

このように、自分のタイプが極端になってしまったとき、それを救うべくあなたの人間関係に「あるタイプ」の人が現れます。

あるタイプとは、**「自分の対角線上にある反対のパーソナリティ」**です。

「ネガティブ自立」をこじらせたときは「ポジティブ依存」タイプが現れ、「そんなにこだわらなくてもよいじゃないか」「もっと過程を、今を、結果を気にせずに味わっていきましょうよ」といったメッセージを、その立ち振る舞いを通じて見せ続けてくれます。

何せ正反対ですから、はじめのうちはイライラしたり、怒りの感情に囚われたりもするのですが……。

そうやってひとしきり「相手が悪い」モードを消化できると、今度は自分の姿勢が偏っていたり、凝り固まってしまっていたりすることに気づけるようになるのです。

こうして時間をかけながら自身の課題を直面・自覚することができれば、対角線の相手を受け入れ、協調・共生していくことができる。「これぞまさしく典型的な人間関係じゃないか！」という感覚が、少しでも伝われば幸いです。

あとはぜひ、実際に本の物語を読んでみてください。

10年以上前の書籍ですが、タイトルが『ユダヤ人大富豪の教えⅢ』となっているせいで、人間関係に悩んでいる人の大半が、この本の存在自体を知らないままになってしまっている……。過去に何度かこの本を紹介するたびにそう感じてきましたので、今回のガイドがよいきっかけになれば幸いです。

さて、次の本はこれまでの４冊の総まとめになるような珠玉の本となります。一方で、ほとんど知られていないので㊙本といってよいレベルの隠れた名著です。

10 愛の成熟適応理論が導く無償の愛を体現できるか

読む前

「いろいろ学んではきたものの、やっぱり人間関係は煩わしい……」

「正直、自分のことで精いっぱいなので……」

「コミュニケーションが大事と言われても余裕がないです……」

読んだ後

「こんなに理詰めで愛の分析ができるなんて目からウロコです！」

「人間関係の本質も、まずは自己肯定感なのだとわかりました！」

「何を目指して人と関わっていけばよいかゴールが見えました！」

この本で学び取れる力
▼人間関係を分析する力

『愛の論理
——私たちは、どこまで愛せばゆるされるのか』
飯田史彦著
PHP研究所

ここまで、コミュニケーションや人間関係構築の本質について、4冊の重要書籍を紹介してきました。今回の本は、その総まとめのような1冊です。

『愛の論理』は、元・福島大学経済経営学類・教授で、**『生きがいの創造』**（PHP研究所）という本がシリーズ累計で200万部を突破しているベストセラー作家でもある飯田史彦氏による著作です。

この本には、前回ガイドした『ユダヤ人大富豪の教えⅢ』以上に、愛の本質に関するマトリックスがたくさん登場します。図22を見てください。

これは『愛の論理』に掲載されている「愛のバランス理論」を、「1枚」フレームワークにトレースし直したものです。その際、実践重視で私なりに少し表現を変えたところもあります。

以上の前提で解説すると、この「1枚」マトリックスは、**「まず自分を愛せているかどうか？」**に関する整理です。

左上の「自分は愛しているが他者は愛していない」状態だと「利己主義型」、一方、「自分を愛していないが他者は愛している」状態は「自己犠牲型」となっています。順番に読

図22 愛のバランス理論を紙1枚でまとめてみる

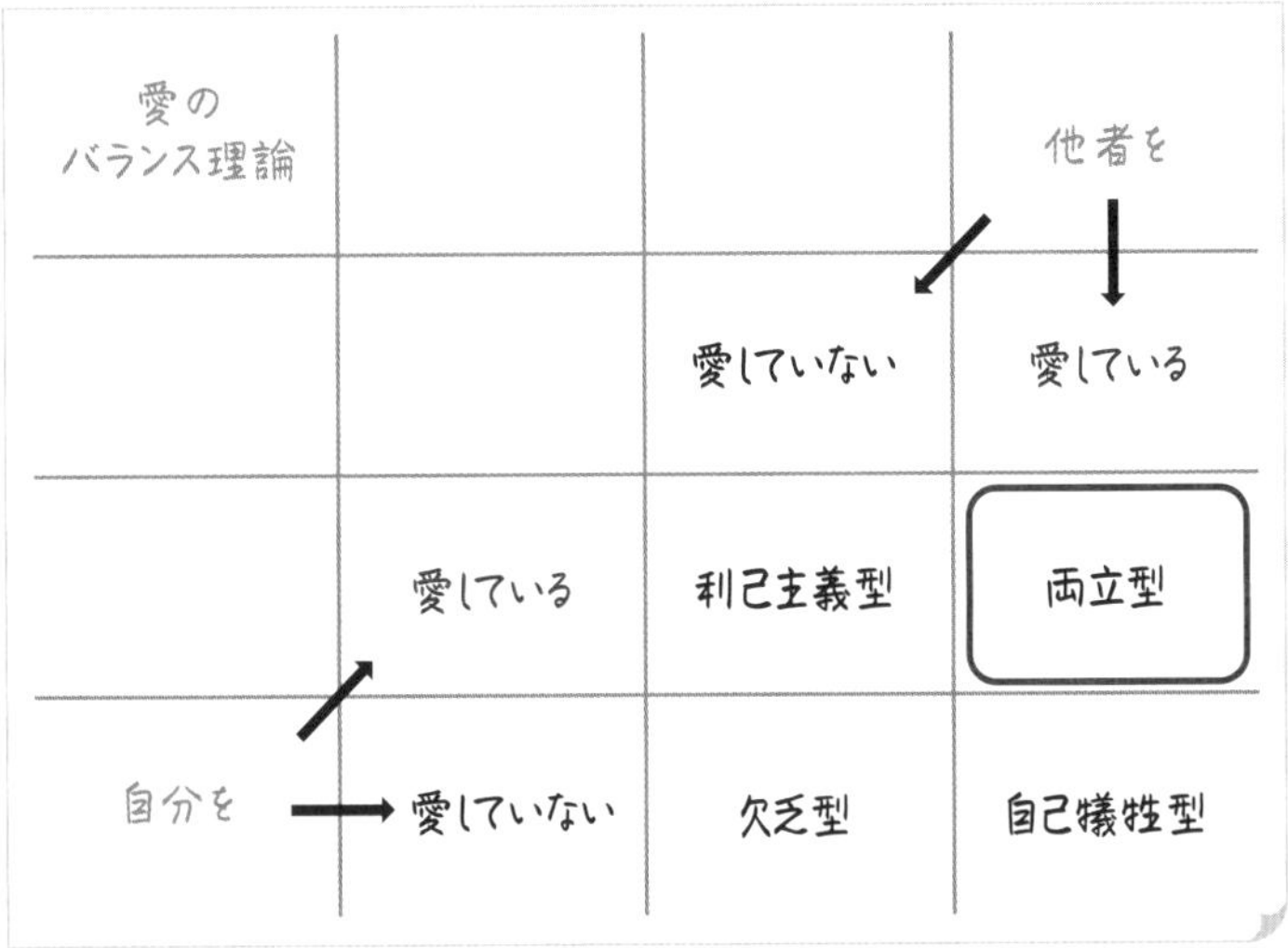

み進めてくれているのであれば、ここでピンときたはずです。

この章で一貫して学び取ってもらっている通り、**コミュニケーションや人間関係構築の本質は、「まずは自己愛・自信・自己肯定感から」**。そのことを、このシンプルなマトリックスから改めて学び取っていってください。

あるいは、図23のような「愛の水準理論」も掲載されていて、こちらは愛の「深さ」と「広さ」によるフレームワークです。

人との関わりが「狭すぎ&深すぎ」だと「溺愛」状態になり、過剰になるとそれ以外の人たちに対して排他的になってしまい

図23 愛の水準理論を紙1枚でまとめてみる

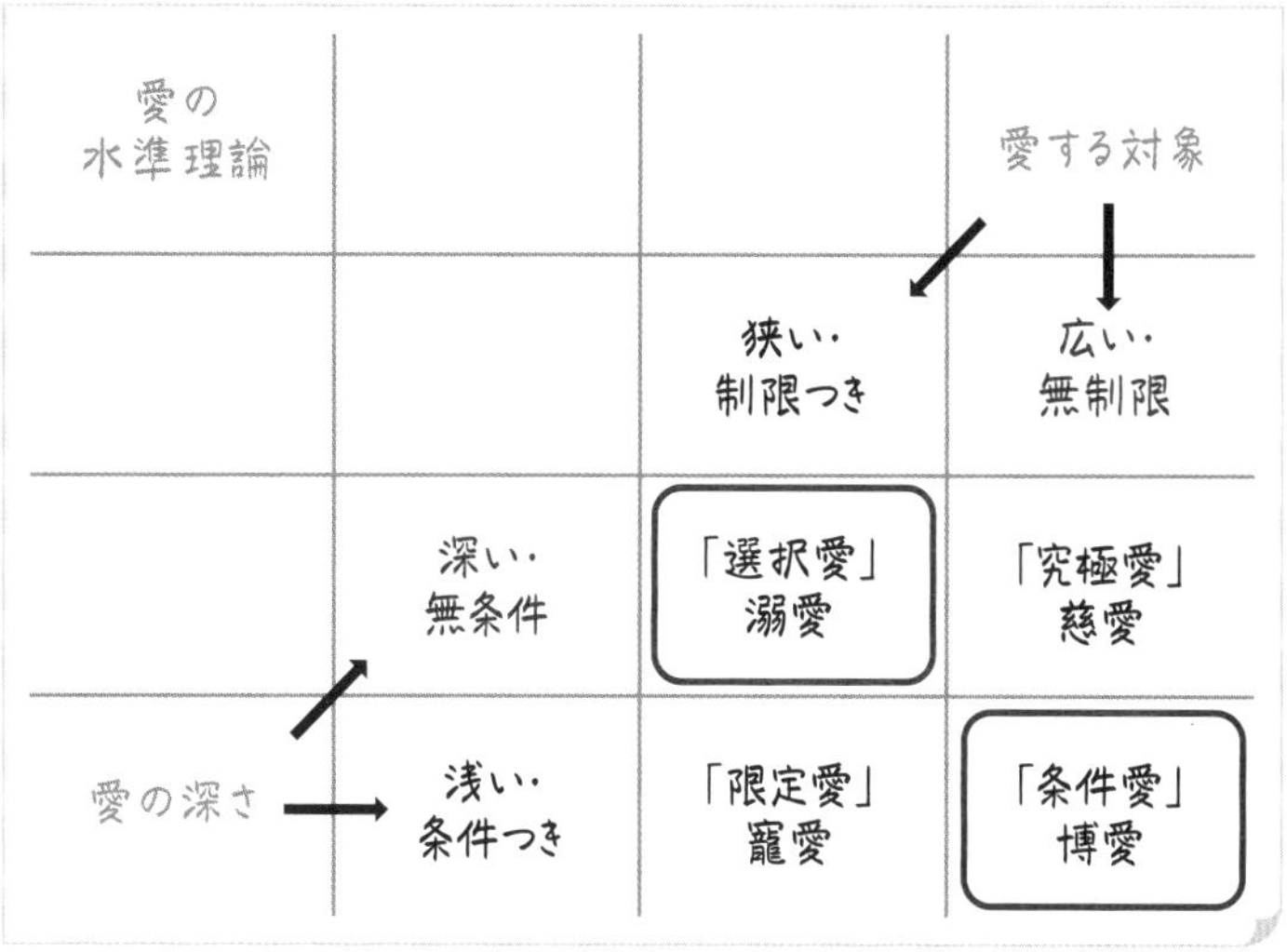

ます。

なので、「浅く&広く」の「博愛」状態も必要になってくるわけですが……。

こちらも、頑なにここだけで人間関係を紡ごうとしてしまうと「孤独の克服」に至れるような人間関係を築くことは困難です。

ただ、だからといって「広く&深く」は「究極愛」と書かれている通りもはや聖人レベルの話なので……。

基本的には、**「選択愛」と「条件愛」のあいだを、極端にならず健全なレベルで行ったり来たりしながら、その過程で多少なりとも「究極愛」を垣間見ることができればOK**といったまとめが、人間関係構築の本質となるわけです。

図24 愛の交換理論を紙1枚でまとめてみる

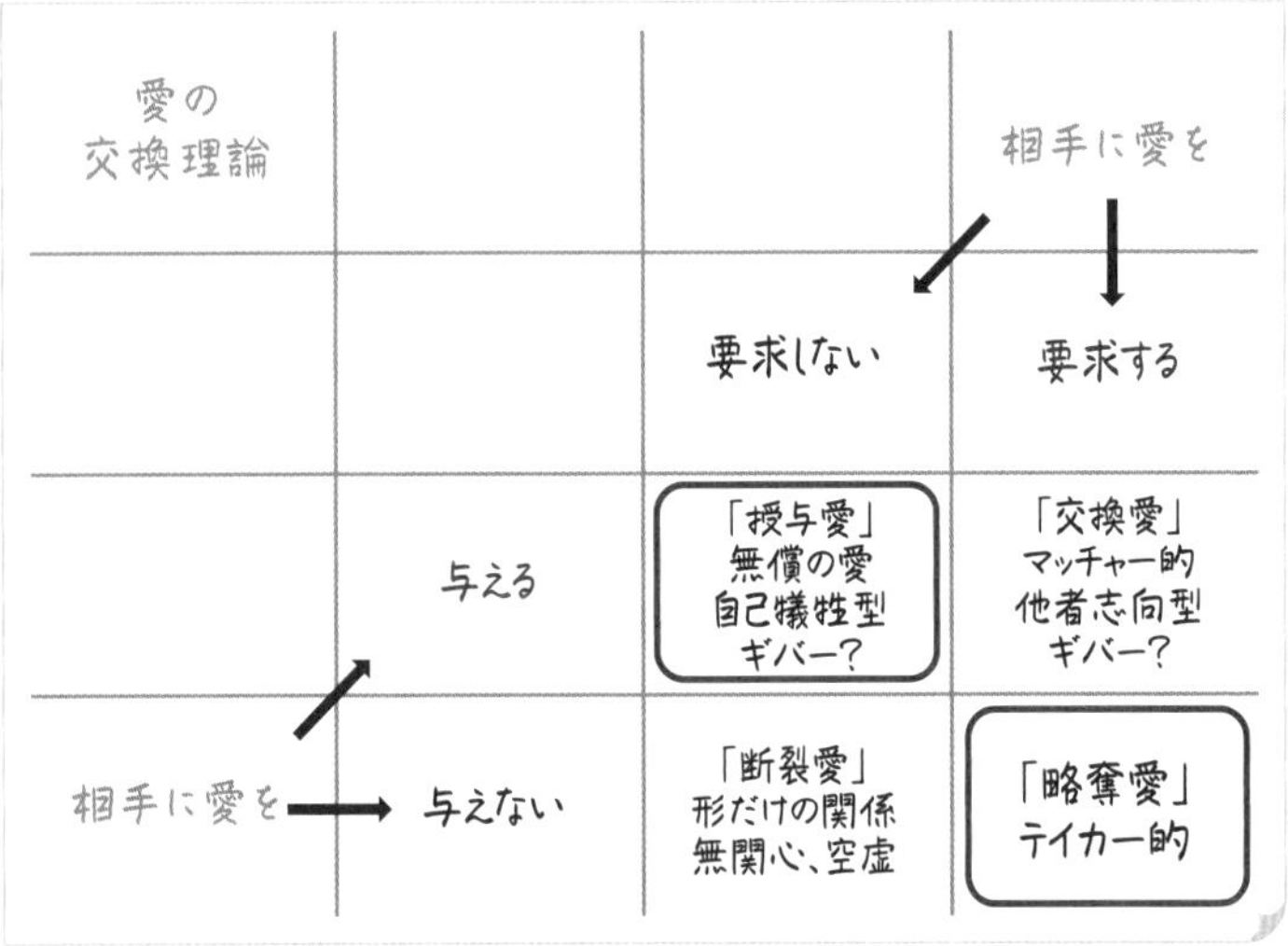

愛の交換理論
相手に愛を
要求しない
要求する
与える
「授与愛」
無償の愛
自己犠牲型
ギバー?
「交換愛」
マッチャー的
他者志向型
ギバー?
相手に愛を
与えない
「断裂愛」
形だけの関係
無関心、空虚
「略奪愛」
テイカー的

最後にもう1つ、図24も『愛の論理』に掲載されている「愛の交換理論」です。

『GIVE&TAKE「与える人」こそ成功する時代』を紹介した際にも触れましたが、このマトリックスで分類すると、左上に「自己犠牲型ギバー」、右上に「他者志向型ギバー」が入ってしまい、マッチャーと大差がないように見えてしまいます。

あるいは、「自己犠牲型ギバー」は悪いことだと学んでいたので、今回の「授与愛」=無償の愛もそうなのかと誤解してしまいかねません。

ですが、『愛の論理』においてこの領域は、人間が成熟していくなかで体感でき得るものとされています。この本に登場する**「愛**

について分析できるフレームワーク＝愛の成熟適応理論」は、フロムの『愛するということ』をはじめとした「愛」に関する名著を多数参照したうえで打ち立てられているものです。

私自身、その妥当性は極めて高いと確信しています。しかも、まるでビジネススクールで授業を受けているかのような明解さで「人と関わること」について分析できてしまうわけですから、全ビジネスパーソン必読の名著といっても過言ではありません。

だからこそこうして紹介しているわけですが、私が今回『愛の論理』と『ＧＩＶＥ＆ＴＡＫＥ』を一緒にガイドした理由は、**「他者志向型ギバーは通過点に過ぎない」**という本質をつかんでほしかったからです。

これまで『ＧＩＶＥ＆ＴＡＫＥ』を読んだという人にたくさんお会いしてきましたが、「自己犠牲はＮＧ、他者志向でＯＫってことですよね」といった捉え方の人が大半でした。ですが、それでは「マッチャー＝交換愛」レベルの状態と大差がなく、とりあえず「自分を愛していない」段階はクリアできているといった水準に過ぎないのです。

あくまでも最終的には**「授与愛」を体現できる段階を目指して、まずは他者志向型ギバーから始めていこう**というのが、大切な認識になってくるのではないでしょうか。他者志

図25『愛の論理』を紙１枚にまとめたもの

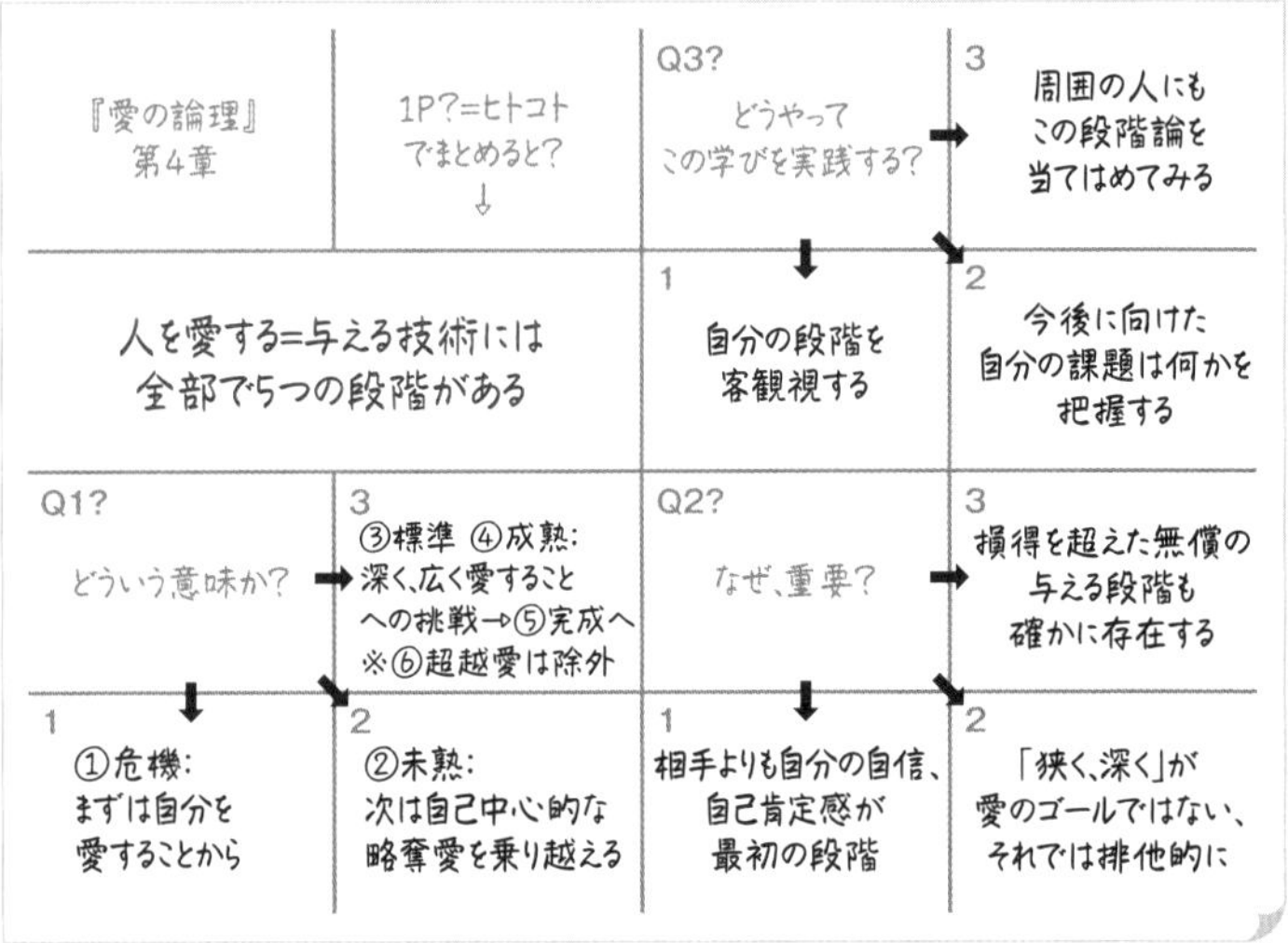
『愛の論理』
第4章
1P?=ヒトコト
でまとめると?
Q3?
どうやって
この学びを実践する?
3
周囲の人にも
この段階論を
当てはめてみる
人を愛する=与える技術には
全部で5つの段階がある
1
自分の段階を
客観視する
2
今後に向けた
自分の課題は何かを
把握する
Q1?
どういう意味か?
3
③標準 ④成熟:
深く、広く愛すること
への挑戦→⑤完成へ
※⑥超越愛は除外
Q2?
なぜ、重要?
3
損得を超えた無償の
与える段階も
確かに存在する
1
①危機:
まずは自分を
愛することから
2
②未熟:
次は自己中心的な
略奪愛を乗り越える
1
相手よりも自分の自信、
自己肯定感が
最初の段階
2
「狭く、深く」が
愛のゴールではない、
それでは排他的に

向型ギバーは決してゴールなどではなく、「授与愛」の段階に向けたスタートラインに過ぎない。これが本質です。

『愛の論理』の第4章で学ぶことができる「愛の成熟適応理論」の概要を図25にまとめました。これまでの総括的な「1枚」になっていますので、一通り読み込んでみてください。

以上、『愛の論理』はこれまで紹介してきたような有名な本やベストセラーではありませんが、これを読んでいるのといないのとでは、その後の人との関わり方が根本から変わってくる。そんな名著です。

11 「理解」に加え、「信頼」や「共感」を極めれば相手に伝わる

読む前

「いろいろ学んできたので、わかりやすく伝えるのは得意です……」

「それなのに上司が納得してくれず、仕事が停滞します……」

「理路整然と話しているのに、相手が動いてくれないのはなぜ……」

読んだ後

「わかりやすいだけでは不十分なときもあると理解できました！」

「理解できるか以外の観点も意識しようと思います！」

「ビジネスにおいては信頼第一で人と関わっていきます！」

この本で学び取れる力

▼理解・共感・信頼の視点でコミュニケーションを捉える力

『アリストテレス　弁論術』

アリストテレス著
戸塚七郎訳
岩波書店

ここまでは、「人間関係の構築」に重きを置いた本を紹介してきました。

一方、「コミュニケーション」についてわかりやすく解説された本は、**『伝え方が9割』**（佐々木圭一著、ダイヤモンド社）や**『人は話し方が9割』**（永松茂久著、すばる舎）といったミリオンセラーを筆頭に、すでに多数出版されています。

そこで、今回はこのブックガイドの中で最古の本であり、コミュニケーションに関する深い洞察・本質に満ちた名著の筆頭格である、古代ギリシャの哲学者・アリストテレスによる**『アリストテレス　弁論術』**（以下、『弁論術』）を紹介します。

タイトルこそ「弁論」となっていますが、コミュニケーション力を高めていきたい人であれば、人生で一度は向き合ってほしい本です。

さっそくですが、まずは図26の「1枚」まとめをご覧ください。

「1P？」のところには、**「伝わるかどうかは、3つのアプローチで考える」**と入れておきました。続いて1つ目の「Q1？＝どういう意味か？」には、**「理解＝わかりやすく伝えて納得してもらう」「信頼＝この人なら大丈夫という前提で伝える」「共感＝心に響くように、心が動くように伝える」**と書いてあります。

図26『弁論術』を紙1枚にまとめたもの

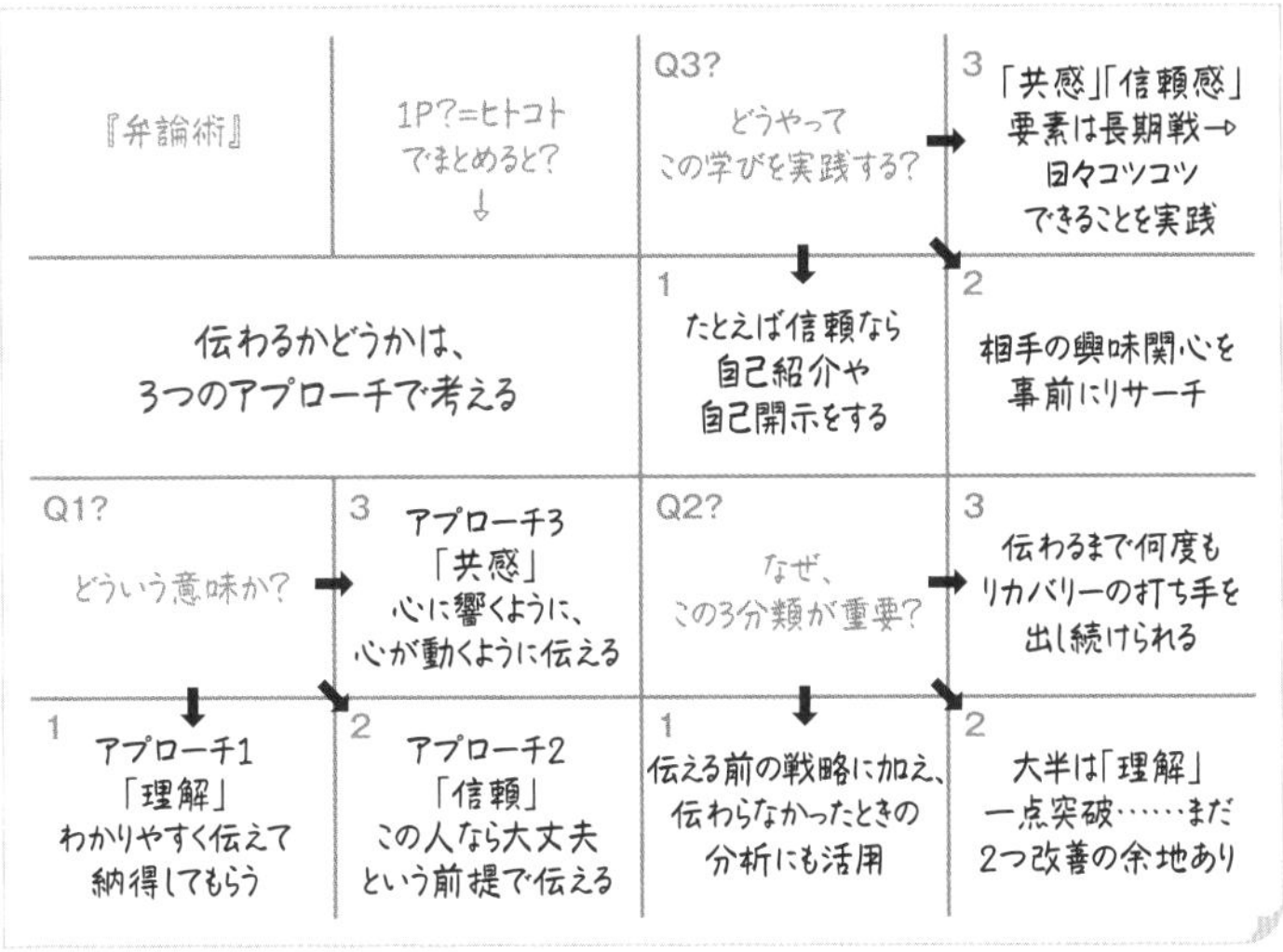

『弁論術』
1P?=ヒトコトでまとめると?
Q3? どうやってこの学びを実践する?
3 「共感」「信頼感」要素は長期戦→日々コツコツできることを実践
伝わるかどうかは、3つのアプローチで考える
1 たとえば信頼なら自己紹介や自己開示をする
2 相手の興味関心を事前にリサーチ
Q1? どういう意味か?
3 アプローチ3「共感」心に響くように、心が動くように伝える
Q2? なぜ、この3分類が重要?
3 伝わるまで何度もリカバリーの打ち手を出し続けられる
1 アプローチ1「理解」わかりやすく伝えて納得してもらう
2 アプローチ2「信頼」この人なら大丈夫という前提で伝える
1 伝える前の戦略に加え、伝わらなかったときの分析にも活用
2 大半は「理解」一点突破……まだ2つ改善の余地あり

ここが最重要ポイントなので、『弁論術』の該当箇所を引用します。

> 弁論家は、⑴言論に注目して、それが証明を与え、納得のゆくものとなるように配慮するだけでなく、⑵自分自身を或る人柄の人物と見えるように、そして同時に、⑶判定者にも或る種の感情を抱かせるように仕上げをしなければならない。

この引用文のうち、まず**「⑴言論・証明・納得」**と書かれている部分が、**「理解」**アプローチに対応しています。以下、**「⑵或る人柄の人物と見えるように」**を**「信頼」**、

「⑶或る種の感情を抱かせる」については**「共感」**という言葉で、現代的に置き換えているのだと理解してください。

さて、なぜこの3分類が重要なのか。

最大の理由は、この3つをチェックポイントにしておけば、**「なぜ、伝わらなかったのか？」の分析ができるようになる**からです。

というのも、コミュニケーションスキルといえば「どうすればわかりやすく伝えられるか？」がメインテーマになりがちですが、大半の場合、これは「理解」「信頼」「共感」のうちの「理解」アプローチしかカバーしていません。

有名な「ピラミッド・ストラクチャー」や「PREP法」等のスキルを学べば、確かにわかりやすく伝えることは可能になるでしょう（「PREP法」とは、「Point＝言いたいこと」「Reason＝理由」「Example＝事例」「Point＝再度言いたいこと」の順番で話せば、わかりやすく伝えられるというフレームワークのことです）。

ですが、それで伝わらなかったときは、いったいどうすればよいのでしょうか。

『弁論術』でつかんだ本質を活用すれば、少なくともあと2つ、リカバリーのためのアプローチがあり得ます。

「理解」＝わかりやすく伝えてもダメだったのであれば、**今度は相手の「感情」に訴えてみるような伝え方ができないか**と思案してみる。

あるいは、そもそも相手から十分に「信頼」されていなかったからこそ、必要以上にツッコミを受けてしまった可能性もあります。その場合は、**「ではどうやって相手の信頼を勝ち取るか」**といった観点で改善策を検討すればよいのではないでしょうか。

たとえば、プレゼンの冒頭に自己紹介スライドを入れ、そこにこれまでの実績を盛り込んでおく。あるいは、事前にプレゼン相手の興味関心を調べ、もし共通の趣味等があれば、途中で雑談をしながらその話題で盛り上がってみる。

もし事前情報が得られなくても、積極的に自己開示をしていけば、それだけでも警戒感は薄れますし、信頼感にもプラスに寄与していきます。

以上はほんの一例にすぎませんが、大切なことは、こうやって3つのアプローチでコミュニケーションを捉えられるようになっていれば、たとえ**うまく伝わらなかったとしても、**

いくらでも打ち手が浮かんでくるようになるという点です。

少なくとも私自身は、この本質をつかんでからコミュニケーションへの苦手意識を克服することができました。特に20代の頃は、ロジカルに説明がつくかつかないかという「理解」のモノサシを過剰に重視して働いてしまっていた時期があって、その理由はそもそも『ユダヤ人大富豪の教えⅢ』で学んだタイプ分けで言うと私が「ネガティブ自立」だったからです。

実際、いろいろな学びを得て実践する中で、相手の説明から瞬時にツッコミどころを見つけられるようになっていきました。問題は、それをそのまま相手に伝え、後先考えずに論破するだけといったことを繰り返してしまっていたのです。

当然ながら、こんなことに終始していれば、相手からの「共感」や「信頼」を得ることにはつながっていきません。

ですが、当時の多くのビジネス書や企業研修等の内容は、「ロジカルに」「クリティカルに」「能動的にツッコミを」などと書かれているものばかりでした。

私自身の認識としては、ただ素直に、学んだことを一所懸命に実践していただけだったのですが、これは要するに**「理解」アプローチだけで何とかなると誤解していた**わけです。

今振り返ってみても、これは本当に危うい状態でした。

ここまで読んでみて、どうでしょうか。私と同じようなコミュニケーションスタイルに陥ってしまっている読者さんもいるのではないでしょうか。

「伝わらなかったら、もっとロジカルに、もっと精緻に、もっとツッコミどころを潰して」という「理解」一辺倒ではそもそも限界があるのです。

そうではなくて、2000年以上前にアリストテレスが語ってくれている通り、「理解」に加え、「信頼」や「共感」につながるようなアクションを日々積み上げていくほうがよっぽど効果があります。

ただし、今「積み上げていく」と書いた通り、**「信頼」や「共感」のアプローチは即効性ではなく遅効性**です。

日々のちょっとした雑談や一緒に食事をする場面での立ち振る舞い、締め切りを守る、遅刻はしない、何かミスした場合はそのときの咄嗟の対応、等々。

1つ1つは些細《ささい》なことかもしれませんが、その集積として相手があなたに「共感」や「信頼」を抱いてくれていれば、いざ伝えたときに枝葉末節でツッコまれるようなことはなくなっていくはずです。

要点さえ報告・連絡・相談・プレゼンできれば、「わかりました」「ＯＫです」「後は任せた」とあっさり言ってもらえるようになります。

「はじめに」で書いた通り、私はトヨタにいた頃、図27のような「1枚」資料でコミュニケーションを行なっていました。

このような企業文化について、「こんなペライチじゃ、うちの会社では無理です」というったコメントをいただくことがあります。

『弁論術』で学び取った本質を踏まえて返答すれば、ただわかりやすく説明するだけなら、「1枚」になるレベルまで考え抜いて、それを「2W1H」や「3ポイント」等を重視して資料化できれば十分です。

一方で、もしそれで伝えてダメなら、それは「共感」や「信頼」のレベルで相手との関係性が構築できていないからなのではないか。このような観点から、自身や自社のコミュニケーションについて考えてみてほしいのです。

図27 トヨタで作成していた紙1枚の資料の例

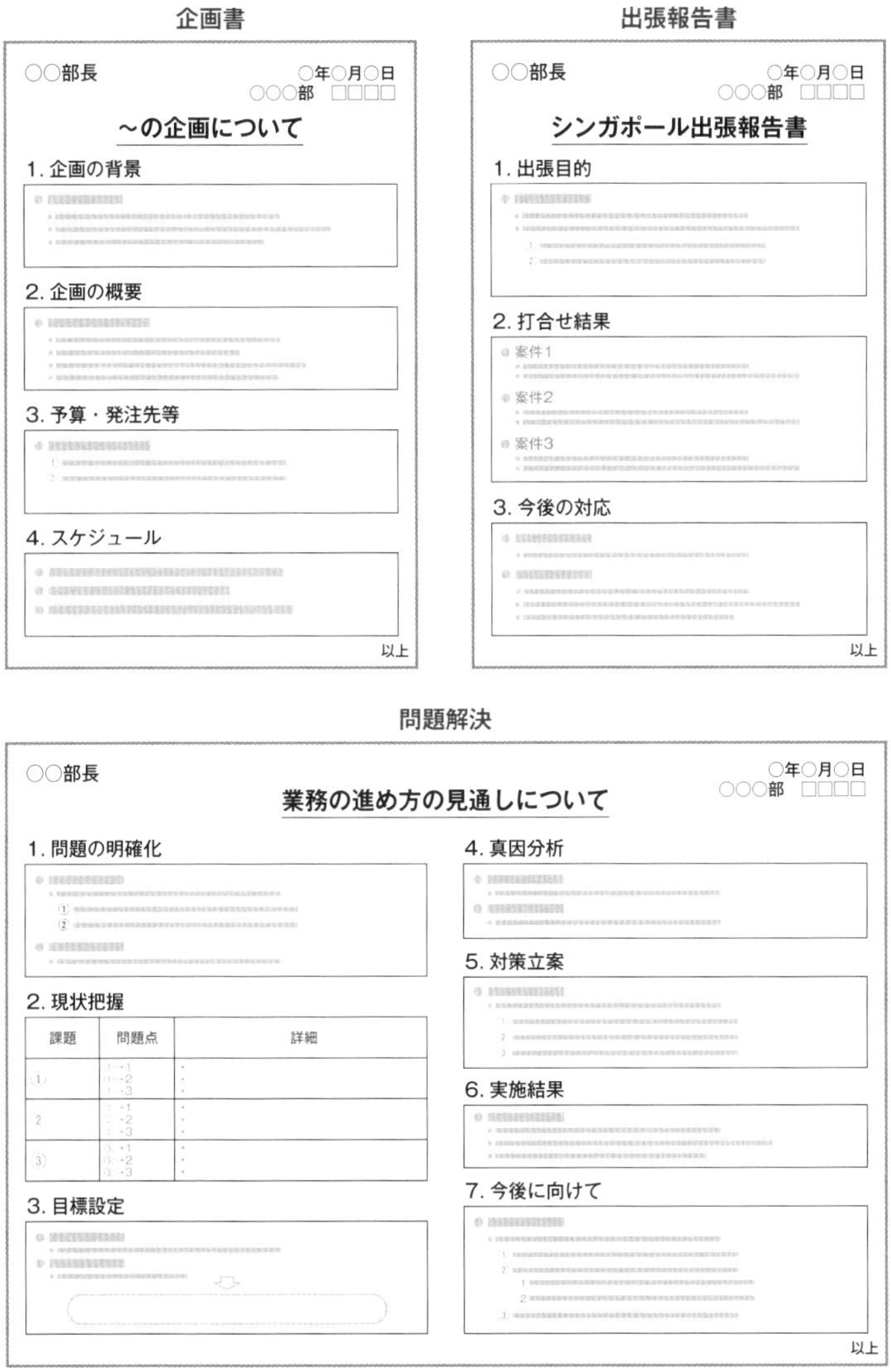
企画書
○○部長
○年○月○日
○○○部 □□□□
~の企画について
1. 企画の背景
2. 企画の概要
3. 予算・発注先等
4. スケジュール
以上
出張報告書
○○部長
○年○月○日
○○○部 □□□□
シンガポール出張報告書
1. 出張目的
2. 打合せ結果
案件1
案件2
案件3
3. 今後の対応
以上
問題解決
○○部長
○年○月○日
○○○部 □□□□
業務の進め方の見通しについて
1. 問題の明確化
2. 現状把握
課題
問題点
詳細
3. 目標設定
4. 真因分析
5. 対策立案
6. 実施結果
7. 今後に向けて
以上

実際、トヨタでも一発ＯＫが当たり前になっている人と、何回も資料を作り直して追加の打ち合わせに臨んでいる人に分かれはします。

その分岐点がどこにあるのかといえば、最後は**上司と部下との間に、どれだけ強固な信頼関係があるのか**。ここで決まってしまうのです。

もし、「うちでは1枚は無理です」と感じるなら、そもそも普段からどれだけ信頼関係を構築する機会を設けているのか。「明日から資料は1枚で！」といった号令を出す前に、まずは「信頼」や「共感」の観点で、組織的にもっと他にやるべきことがあるのではないかという問いを立て、思考整理してみてください。

これが、『弁論術』を「読んだ後」に学びを実践することの一例です。

今回は「1枚」フレームワークではなくトヨタの「1枚」資料を共有しましたが、このようなケース・スタディも参考にしてもらいながら、本を読んだ後にフォーカスした読書観をなじませていってください。

以上、かつての私のように「理解」アプローチ一辺倒でコミュニケーション力を磨いてきてしまった人ほど、『弁論術』から得られる学びを今後マスターしていってください。

12 まずは信じる、でもやられたらやり返せ！

読む前

「人と関わっていて、相手に出し抜かれたことがあります……」

「うまく立ち回って昇進していく同期がいます……」

「何か人との関わり方にはコツがありそう、でもわかりません……」

読んだ後

「こんなふうに付き合い方を分析できるなんて驚いた！ 面白い！」

「ゲーム理論的には、こう立ち振る舞うことが正解なんですね！」

「短期と長期で付き合い方を分ける視点が新鮮でした！」

この本で学び取れる力

▼人との付き合い方を見直し、改善できる力

『つきあい方の科学
——バクテリアから国際関係まで』
R.アクセルロッド著
松田裕之訳
ミネルヴァ書房

人間関係やコミュニケーションの根本が学べる本は他にもたくさんありますが、これで最後にしておきます。今回の名著は「1枚」との親和性も踏まえ、あるいは、今となってはほとんど誰も知らないような本になってしまったからこそという観点から選書しました。大学時代に読んで以来、ずっと役立てている、というより染みついてしまっている大切な本質です。

先に結論を言えば、その本質とは**「まずは信じる、でもやられたらやり返す、ただし倍返しではなく同程度でOK」**。

この1行を深く理解すべく、これから読み進めていってください。

タイトル通り、**『つきあい方の科学』**は人間関係やコミュニケーションの本質をアカデミックに探究した書籍です。

もう少しフォーカスを絞ると、**相手とコミュニケーションをとる際、「信頼・協調」モードでいくのか。それとも「不信・対立」裏切りも辞さない姿勢でいくのか。**

どちらのスタンスのほうが科学的に妥当性が高いのかをテーマにしています。人付き合いが得意になりたい人なら全員必読の本です。

今回も理解しやすいだけでなく、できるだけ心にも響くようにメッセージを受け取ってほしいので、まず先に1つ質問を。

相手から不義理・理不尽・納得のいかないコミュニケーションをされ、不利益を被ったとしましょう。あなただったら、どう反応しますか。

やり返しますか。沈黙しますか。

それでも相手を受け入れ、信頼し、笑顔で接し続けるでしょうか。

こういうお題を出すと「程度による、相手による」などと言ってすぐに思考を放棄してしまう人も多いのですが、どうか「基本的には、ベースとしてはどう対応するだろうか？」という前提でひとしきり考えてみてください。身近な人を何人か思い浮かべるとやりやすいかもしれません。

さて、自分なりの考えはまとまったでしょうか。

本来であれば『つきあい方の科学』を読んだ後に、あるいは読みながらこうしたことをやってほしいわけですが、今回はそれを先に体験してもらうことで、**「読んでおしまいに**

しないとは、たとえば読後に、こういった思考整理をめんどくさがらずにやることなんだな」という経験値にしていく。そんなつもりで以降も読み進めていってください。

それでは、解説を始めます。種明かしをすれば、**『つきあい方の科学』は「ゲーム理論」を人間関係やコミュニケーションに適用した本**です。著者のアクセルロッドは政治学者ですが、過去にさまざまなゲーム理論の専門家を集めて、どのゲーム理論が一番かを決める選手権を開催したことがあります。

図28は、ゲーム理論に登場する「囚人のジレンマ」という概念を「1枚」フレームワークにトレースしたものです。今回はシンプルにこのマトリックスを解説していきます。

ここからはカード・ゲームみたいなものだと思って読み進めていってください。

まず、**自分も相手も双方に信頼・協調**するスタンス（二人とも「信頼」カードを出すイメージ）の場合、**「お互いに3ポイント獲得する」**ことができます（図の右上）。

一方、**自分は信じていたのに、相手に出し抜かれてしまった、裏切られてしまったケース**（自分は「信頼」カード、相手は「裏切り」カードを出すイメージ）だと、**「自分は0点、**

図28 囚人のジレンマを紙1枚でまとめてみる

囚人のジレンマ			相手
		不信・対立（出し抜かれる・裏切られる）	信頼・協調
	信頼・協調	自分 0点 相手 5点	自分 3点 相手 3点
自分	不信・対立（出し抜く・裏切る）	自分 1点 相手 1点	自分 5点 相手 0点

相手は5点」。これは要するに、相手に「総取りされてしまった」ということです（図の左上）。

逆に、もし**自分のほうから相手を出し抜く**のであれば（自分は「裏切り」、相手は「信頼」カードを出すケース）、**「自分が5点、相手は0点」**となるため、今度はあなたのほうが総取りできます（図の右下）。

最後に、**双方が不信をベースに対立し、裏切り合う**のであれば（両方「裏切り」カードのケース）、結果は痛み分け。**「お互いに1ポイントのみ（それでも0点にはならない）」**といった結末になります（図の左下）。

さて、本題はここからです。

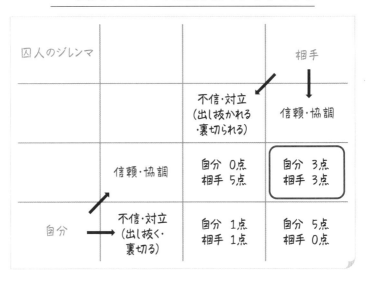

この研究から得られる最大の学びは、デジタル上でこういったゲームを繰り返す、すなわち**1回限りの「短期」的なコミュニケーションや人間関係ではなく、「中長期」的な観点においてどの戦略が一番妥当なのか**を導き出していることにあります。

短期的には、不信をベースにした相手を出し抜く＝裏切る戦略のほうが「総取り（5点）」もしくは「痛み分け（1点）」になるため、**とりあえず0点という最悪の事態は避けられる**わけです。

例としては、「マナーの悪い1回限りの観光客みたいなもの」と書けばイメージが湧くでしょうか。一生に一度しか訪れないような場所になると急に態度が横柄になる人もいるようですが、その理由は「今だけ、金だけ、自分だけ」戦略をとれば、少なくとも全損はしないで済むからです。

一方、組織コミュニケーションや会社の人間関係はどうでしょうか。

特に終身雇用の企業に勤務している人の場合、「旅の恥は掻《か》き捨て」戦略でいくわけにはいきません。

1回きりではなく何年間にもわたって繰り返し同じ人と関わる以上、相手もあなたのコミュニケーションスタイルに応じて当然ながら戦略を変えてくるはずです。**「あいつはどうせ裏切ってくる」と思われたら最後、もう5ポイントを獲得できることはなくなり、常に1ポイント止まりの日々**になってしまいます。

ただし、5点を取れないのは相手も同じ。すると、お互いにハラの探り合いや出し抜き争いに明け暮れるくらいなら、**もう協調して3ポイントずつ獲得し続けたほうが現実的じゃないかという話**になってくるわけです。

引き続き観光の例で、「お得意様になるといろいろサービスしてもらえる」とイメージすれば、ここもわかりやすいでしょうか。

逆に、1回限りの外国人観光客にかかりっきりで、お得意様を冷遇し始めたホテルは、お客様にとっては「囚人のジレンマ」のマトリックスの右上から左上にシフトされてしまったような状態です。

不信感を抱いたお得意様が離れていくのは、当然の流れなのではないでしょうか……。コロナ禍が落ち着き、インバウンド需要も戻ってきたなかで、再びこのようなことが日本中で起きてしまっているのではないか。現実のニュース等にも当てはめながら、このマトリックスへの親近感を自身でも高めていってください。

さて、デジタル上でこうしたゲームを大量に繰り返した結果、最終的にどんなコミュニケーション戦略が導き出されたのか。

答えは、**「しっぺ返し・目には目を」という人間関係の本質**です。

これはどういうことか。まず、**コミュニケーションの最初の段階では、決して自分からは裏切らない。出し抜かれるリスクも受け入れて、相手を信頼するスタンスに徹する**のです。

一方で、もし実際に**相手が裏切ってきたら、そのときは即座にこちらも同レベルで仕返し**をする。その際、決して再起不能な倍返しまではやり過ぎない。

すると、相手は「この人とは裏切らずに付き合っておいたほうがよさそうだ」と感じるため、以降は**安定的に協調関係で関わってくれるようになる**わけです。

この本質を、もう少し具体的なケースに当てはめてみましょう。

たとえば、あなたが新しい職場に異動したとします。どうしましょうか。

たとえ社内の評判が悪かったり、見るからに人相的に微妙な人がいたとしても、とりあえずは全員を信頼する姿勢から入る。何より、自分からは相手の信頼を損なうような行為を決してしないことです。

ただし、日々のコミュニケーションのなかで、これから中長期的に関わっていくような人であるにもかかわらず、相手がこちら側の不利益になるようなこと（かつ自分だけが利するような話）を言ってきたら、そのときは堂々と自分の利益も主張して対立していく。「理不尽、総取りは許さない」という姿勢を見せるのです。

ただ、そのときの結果自体にはこだわりません。

短期的には損したままでも構わなくて、大切なのは「この人にテイカーで接するとまずいかも」と思わせ、中長期的な対応を変化させることにあります。

すると、「この人とこれ以上テイカー的に関わっても、もう都合よく奪い取れそうにないな」と感じた相手は、協調的に関わってくれるスタンスに今後は変わってくれるはずです。

その結果、ストレスフルで殺伐とした人間関係から解放され、コミュニケーションではないところに自身のエネルギーを注いで働けるようになっていける。

図29『つきあい方の科学』を紙1枚にまとめたもの

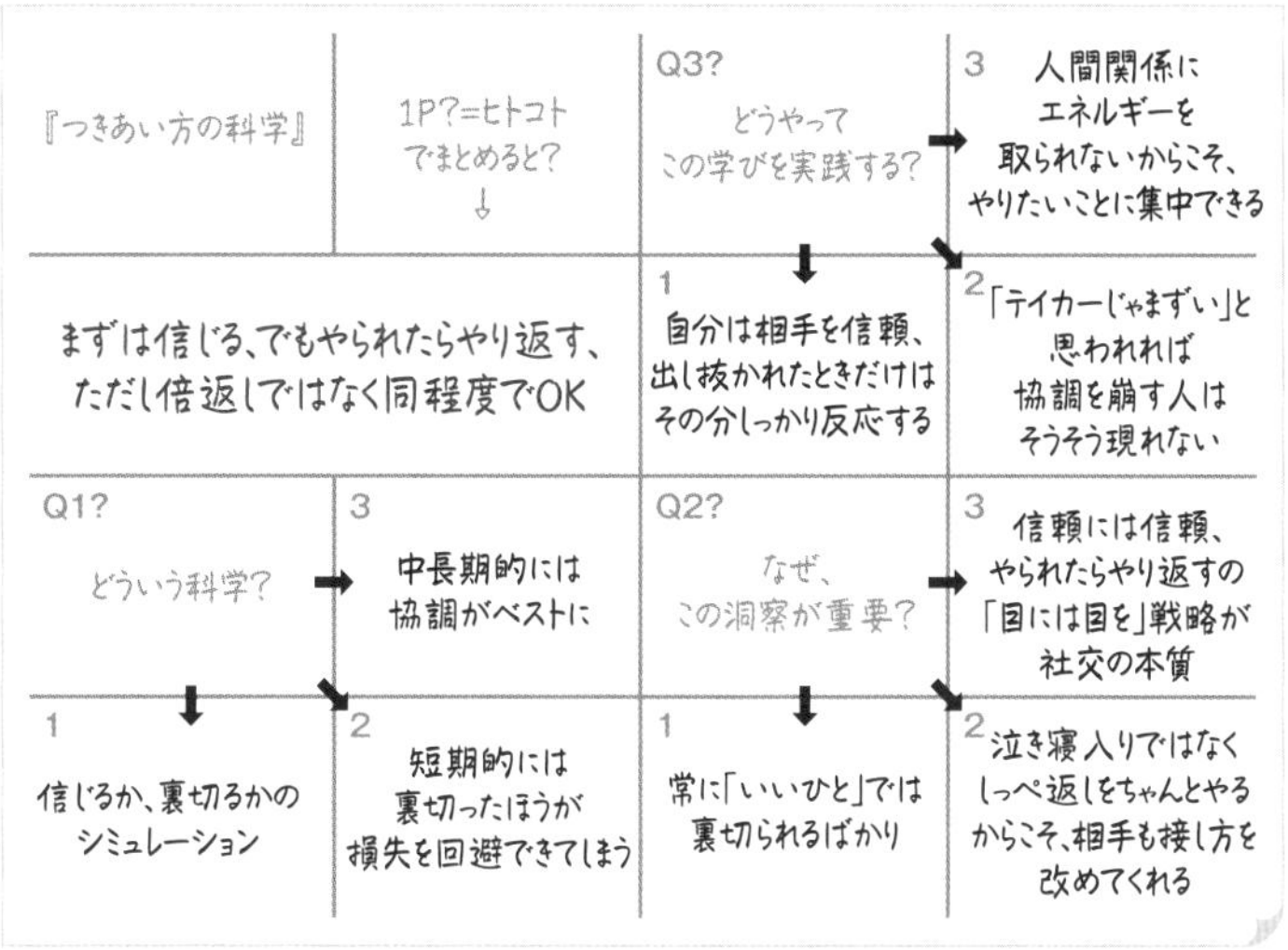
『つきあい方の科学』
1P?=ヒトコト
でまとめると?
↓
Q3?
どうやって
この学びを実践する?
3
人間関係に
エネルギーを
取られないからこそ、
やりたいことに集中できる
まずは信じる、でもやられたらやり返す、
ただし倍返しではなく同程度でOK
1
自分は相手を信頼、
出し抜かれたときだけは
その分しっかり反応する
2
「テイカーじゃまずい」と
思われれば
協調を崩す人は
そうそう現れない
Q1?
どういう科学?
3
中長期的には
協調がベストに
Q2?
なぜ、
この洞察が重要?
3
信頼には信頼、
やられたらやり返すの
「目には目を」戦略が
社交の本質
1
信じるか、裏切るかの
シミュレーション
2
短期的には
裏切ったほうが
損失を回避できてしまう
1
常に「いいひと」では
裏切られるばかり
2
泣き寝入りではなく
しっぺ返しをちゃんとやる
からこそ、相手も接し方を
改めてくれる

日々の人間関係やコミュニケーションでクタクタになっている人ほど、あるいは他にもっと没頭したいことがあるので人付き合いに割くリソースをできるだけ少なくしたいと感じている人ほど、ここまで書いた流れを繰り返し熟読し、日常にも反映していってください。

冒頭のまとめに戻りましょう。

「まずは信じる、でもやられたらやり返す、ただし倍返しではなく同程度でOK」が人間関係やコミュニケーションの根本戦略である。

図29の「1枚」まとめも参照しつつ、ここまでの学びを振り返ってみてください。

あなたが普段から上機嫌でよい人として過ごしていきたいのであれば、人間関係の煩わしいストレスを軽減し、本来やりたいこと・やるべきことにもっと注力していきたいのであれば、周囲に、「いざとなったらこの人は怖いぞ」と感じさせることが重要なのです。

実際に怒らなくても、相手が何となくのレベルでよいのでそのことを感じ取ってくれれば、それだけでも十分に効果はあります。

以上、ここまでコミュニケーションや人間関係において必須の本について、「1枚」で紹介してきました。

第2章のテーマは、**「成長の本質」**です。引き続き珠玉の名著をピックアップしていきます。

第2章

疲弊していく世の中で成長するためのエネルギーを爆発させる

13 疲れやすい現代社会で明日への活力をチャージする

読む前

「日々が忙しすぎて疲れ切ってしまっています……」

「成長が大事なのはわかりますが……」

「正直、そう言われるとしんどいと感じてしまいます……」

読んだ後

「どうして疲れてしまっているのか、根本原因がわかりました！」

「こんな方法で元気になれるなんて、目からウロコです！」

「病弱だった松下幸之助さんの元気の源はこれだったんですね！」

この本で学び取れる力

▼活力
▼エネルギーを補充して元気に過ごす力

『道をひらく』
松下幸之助著
PHP研究所

『LIFE SHIFT』（リンダ・グラットン、アンドリュー・スコット著、東洋経済新報社）がベストセラーになった2016年頃からでしょうか。「人生100年時代、生涯学習の時代、リカレント教育」といったフレーズを盛んに見聞きするようになりました。とはいえ、「社会人になってからも学び、成長し続けていこう」というメッセージ自体は、以前から繰り返し説かれているものです。

たとえば、今回選書した**『道をひらく』**の著者・松下幸之助も、自社（パナソニック）に日本ではじめて週休2日制を導入した際、その理由として**「一日休養、一日教養」**という言葉を挙げました。

これは文字通り**「1日はしっかり休む、一方、もう1日は将来に備えてしっかり学ぶ」**といった意味合いのメッセージです。

今となっては週休3日制といった仕組みまで登場するほど、多様な働き方が尊重される時代になってきましたが、あなたは休日のうち「1日は学びに充てる」といった捉え方について、どの程度身近になっているでしょうか。

周囲に、そのような認識の同僚や友人・知人がたくさんいるでしょうか。

図30『道をひらく』を紙1枚にまとめたもの

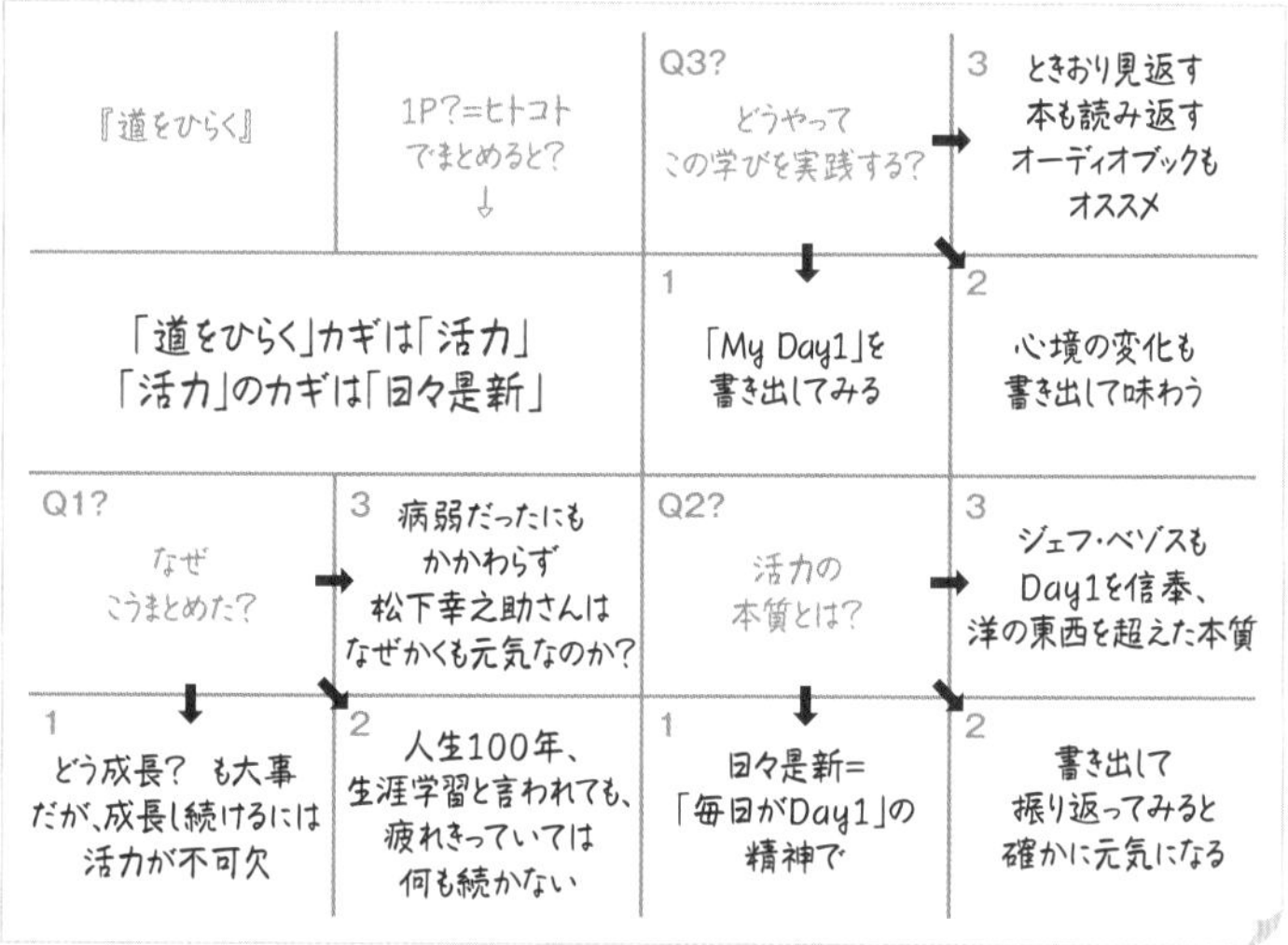

『道をひらく』
1P?=ヒトコト
でまとめると?
Q3?
どうやって
この学びを実践する?
3
ときおり見返す
本も読み返す
オーディオブックも
オススメ
「道をひらく」カギは「活力」
「活力」のカギは「日々是新」
1
「My Day1」を
書き出してみる
2
心境の変化も
書き出して味わう
Q1?
なぜ
こうまとめた?
3
病弱だったにも
かかわらず
松下幸之助さんは
なぜかくも元気なのか?
Q2?
活力の
本質とは?
3
ジェフ・ベゾスも
Day1を信奉、
洋の東西を超えた本質
1
どう成長? も大事
だが、成長し続けるには
活力が不可欠
2
人生100年、
生涯学習と言われても、
疲れきっていては
何も続かない
1
日々是新=
「毎日がDay1」の
精神で
2
書き出して
振り返ってみると
確かに元気になる

実は、「一日休養、一日教養」の話自体は、この本には登場しません。**『社員心得帖』**（PHP研究所）といった松下幸之助の別の著作に登場します。

では、なぜ「成長」をテーマとしたこの章の冒頭として、『道をひらく』をガイドしたいのか。

図30の「1枚」まとめも参照しながら以降を読み進めていってほしいのですが、その最大の理由をヒトコトで言えば、**「成長には、エネルギー＝活力・気力・元気が不可欠」**という本質を共有したいからです。

これまで、数えきれないくらい『道をひらく』を読み返してきました。あるいは、オーディオブック版についても何度リピート再生したかわかりません。

どうしてこんなにも、繰り返し触れてしまうのか。

再び読み、聴きたくなるときには共通点があって、本を手に取ったりオーディオブックを再生したりするのは、日々の忙しさに「疲れているとき」ばかりでした。

そんなとき、『道をひらく』を読んだり聴いたりしていると、エネルギーが充填されていく感覚があるのです。また明日から頑張って、成長していこう。もっと高みを目指して腕を磨いていこうと思えてくる。

これをヒトコトでまとめれば、**「英気を養える」**本。『道をひらく』が長年愛読されている理由の本質を、私はこの点に見出しています。

一方で、松下幸之助自身は、生まれつき病弱でした。

にもかかわらず、どうしてこれほど人を元気にする話ができるのか。

実際、松下幸之助の講演音声などを聴いてみると、元々が病弱だったとは思えないくらいエネルギッシュで、上機嫌で、快活な生気にあふれています。

そこで私は、**松下幸之助がどうやって日々活力を得ていたのか＝エナジーマネジメント**

という観点から、大量の著作を読み漁《あさ》っていた時期がありました。

なぜなら私自身も、決して病弱だったわけではありませんが、少なくとも体力は人並み以下。毎週、週の半ばには息切れしてしまい、金曜まで5日間働き続けるだけでも本当にしんどいと感じてしまうようなエネルギーレベルだったからです。

こうした問題意識で松下幸之助の本を繰り返し読み解くなかで、また「読んだ後」に書かれていることを試行錯誤するなかで、ようやく自分なりの答えを見出すことができました。『道をひらく』から、エナジーマネジメントの本質について学び取れる箇所を引用してみます。

きのうはきのう、きょうはきょう。きのうの苦労をきょうまで持ち越すことはない。「一日の苦労は一日にて足れり」というように、きょうはまたきょうの運命がひらける。きのうの分まで背負ってはいられない。毎日が新しく、毎日が門出《かどで》である。日々是新《ひびこれあら》たなれば、すなわち日々是好日《ひびこれこうじつ》。素直で謙虚《けんきょ》で、しかも創意《そうい》に富む人は、毎日が明るく、毎日が元気。

さあ、みんな元気で、新しい日々を迎えよう。

「日々是新《ひびこれあらた》＝毎日がＤａｙ１」

これが、日々成長し続けるために不可欠なエナジーマネジメントの本質です。

ただ、「日々是新」だと親近感を抱きにくい読者も多いかもしれないと考え、「毎日がＤａｙ１」という表現に置き換えてみました。

加えて、「Ｄａｙ１」という英語に変換したことにはもう１つ重要な理由があって、実は松下幸之助とまったく同じことを説き続けている別の経営者がいます。

アマゾンの創業者、ジェフ・ベゾスです。

米シアトルにあるアマゾンの本社ビルには、なんと「Ｄａｙ１ビル」という名前がついています。アマゾン・ジャパンのＣＥＯだったジャスパー・チャンが日本で出版した本のタイトルは、そのままズバリ『**Ｄａｙ１**』です（しかも版元は、松下幸之助が創業したＰＨＰ研究所）。

パナソニックとアマゾン。松下幸之助とジェフ・ベゾス。

日米の代表的企業のトップが、どちらも「日々是新＝毎日がＤａｙ１」の精神を大切にしている。この事実を私たちはもっと重視し、もっと自身の日常にも取り入れていくべきなのではないでしょうか。

その際、Day1精神を取り入れる最大の理由を、**「疲れがとれて、元気がでるから」**という「活力」に見出していく。

少なくとも私自身は、この部分にチューニングを合わせることで、**「初心が大事」を単なる精神論ではなく、疲れやすい現代社会における必須のスキル**なのだと捉えられるようになっていきました。

「毎日がDay1」を習慣化できると、間違いなく今よりエネルギッシュに働ける&生きていけるようになります。

抽象的な精神論を「ジブンゴト化」し、スキルレベルで具体的な行動に移したい。

そんなときこそ、「1枚」の出番です。

図31のような枠組みで実際に書いてみてください。

まず、「1枚」の左半分に**「My Day1」**を書き出していってください。あなたがこれまでに経験してきたさまざまな「初日」を、ここに記入していけばOKです。

図31 My Day1を紙1枚に埋めてみる①

My Day1	2005/4/1 トヨタ入社とその前夜	どんな想いだった?	思い出してみた今の心境は?
2012/10/1 開業届	2009/1/1 米国トヨタ赴任初日		
2014/3/28 紙出版オファー	2012/3/1 グロービス出社初日		
2013/9/2 電子出版オファー	2001/3/31 学生マンションに引越し		
2013/3/30 初セミナー	1998/4/1 高校入学初日の教室		
2012/4/6 グロービスで「身体知」講座	2002/8/31 カナダ留学初日		
2013/4/10 参加者ゼロ	2015/9/7 東京異動初日		
2016/9/16 Tさんとの出会い	2000/3末 フレックスサテライン体験		

次に、右半分の上段には**「どんな想いだった?」「思い出してみた今の心境は?」**と書かれています。左半分に書いたあなたのDay1の中から、特に感情が動いたものをピックアップし、**「当時の想い=初心」**や、**「思い出してみて今改めて感じたこと」**を埋めていってください。

「日々是新」を「ジブンゴト化」し、最終的には習慣化するために必要なアクションは、これだけです。とてもシンプルですが、実際に書いてもらうと、その過程で間違いなく「活力」が充填されていく体験ができます。『道をひらく』に書かれている通り、**「元気で、新しい日々を迎えよう」**といった心境になれるはずです。

図32 My Day1を紙1枚に埋めてみる②

My Day1	2005/4/1 トヨタ入社とその前夜	どんな想いだった?	思い出してみた今の心境は?
2012/10/1 開業届	2009/1/1 米国トヨタ赴任初日	これで自由に、生きたいように生きられる!	やっぱり自由なんだな
2014/3/28 紙出版オファー	2012/3/1 グロービス出社初日	不安くワクワク 恐怖く希望、未来、可能性	可能性さえ感じられれば頑張れる
2013/9/2 電子出版オファー	2001/3/31 学生マンションに引越し	解放されたい、拘束されたくない、無限定	節目、けじめ、転地で可能性を取り戻す
2013/3/30 初セミナー	1998/4/1 高校入学初日の教室	会社からやれ、ではなく自分でやりたいことをやって喜ばれる尊さ	必ず上はいる、だから「き・く・あ」なんだよな
2012/4/6 グロービスで「身体知」講座	2002/8/31 カナダ留学初日	上には上がいる 井の中の蛙	人智を超えた何かを感じられると楽しい
2013/4/10 参加者ゼロ	2015/9/7 東京異動初日	衝撃、感動を与えられるような話を!	驚かせたい、魅了したい 楽しませたいがルーツ
2016/9/16 Tさんとの出会い	2000/3末 フレックスサテライン体験	本魂よ、ついに認めてくれたか!	厳しいく楽しい

もちろん『道をひらく』をただ読んでいるだけでも元気はでます。オーディオブックを聞き流しながら通勤することも効果抜群です（今もオーディオブックを再生しながら、上機嫌でこの文章を書いています）。

ただ、松下幸之助が残してくれたメッセージをダイレクトに実践するのであれば、今回ご紹介した「1枚」をぜひ埋めてみてください。そして今後、ときおりでよいので作成した「1枚」を見返すことを繰り返していけば、活力ある日々を歩んでいけるようになります。

実際、この「1枚」を紹介したところ、多くの受講者から「確かに気力が湧いてきた」「最近疲れていたので救われる思いがした」「何だかよくわからないが感動して涙がでてきた」といったメッセージをもらいました。極めて再現性の高い、元気になれる「1枚」です。

ぜひ日々の疲れを癒やし、明日への活力をチャージし、この後に続く成長の本質を実践していく英気を養っていってください。

成長の本質は、まずはエナジーマネジメントから。

そして、エナジーマネジメントの本質は**「日常的な初心の再確認」**から。

「もっと成長していきたいです！　ただ、毎日忙しくて……」という人ほど、今回のブックガイドがよい転機となることを願っています。

14 心身の疲れをとるには好奇心を呼び起こせ

読む前

「まだまだ忙しくてなんだか疲れています……」
「何か別のカタチで活力を得たいのですが……」
「どうして現代人はこんなにみんな疲弊しているのでしょう……」

読んだ後

「精神的な気力が枯渇しているなんて考えたことがなかった」
「自然に触れる機会を積極的に取り入れようと思います」
「好奇心を抱ける対象を大事にします」

この本で学び取れる力

▼感性や感受性、好奇心を取り戻して元気になる力

『センス・オブ・ワンダー』
レイチェル・カーソン著
上遠恵子訳
新潮社

「どう成長するかの前に、まずは成長へのエネルギーをどうやって自家発電し続けていくか」という観点で、この章をスタートしました。

社会人教育の世界で日々多くのビジネスパーソンの方々と関わっていると、本当に多くの人から「最近疲れていて……」という言葉が出てくるからです。あなたの周りにも、心身の調子を崩し休職してしまったような人が、決して少なくない人数でいるのではないでしょうか。

今の日本は、いきなり「さあ成長するぞ！」といった話から始められるような時代ではないというのが、私の認識です。

なぜ、こんなにみんな疲弊しているのでしょうか。どうすれば、少しでも活力を取り戻し、上機嫌で毎日奮闘していけるようになれるのでしょうか。

「初心が大事」に加えて、もう1つ。『道をひらく』とは異なる文脈で見出している別の本質について、今回は**『センス・オブ・ワンダー』**という書籍をガイドしながら共有していきます。

図33の「1枚」まとめをご覧ください。

図33『センス・オブ・ワンダー』を紙1枚にまとめたもの

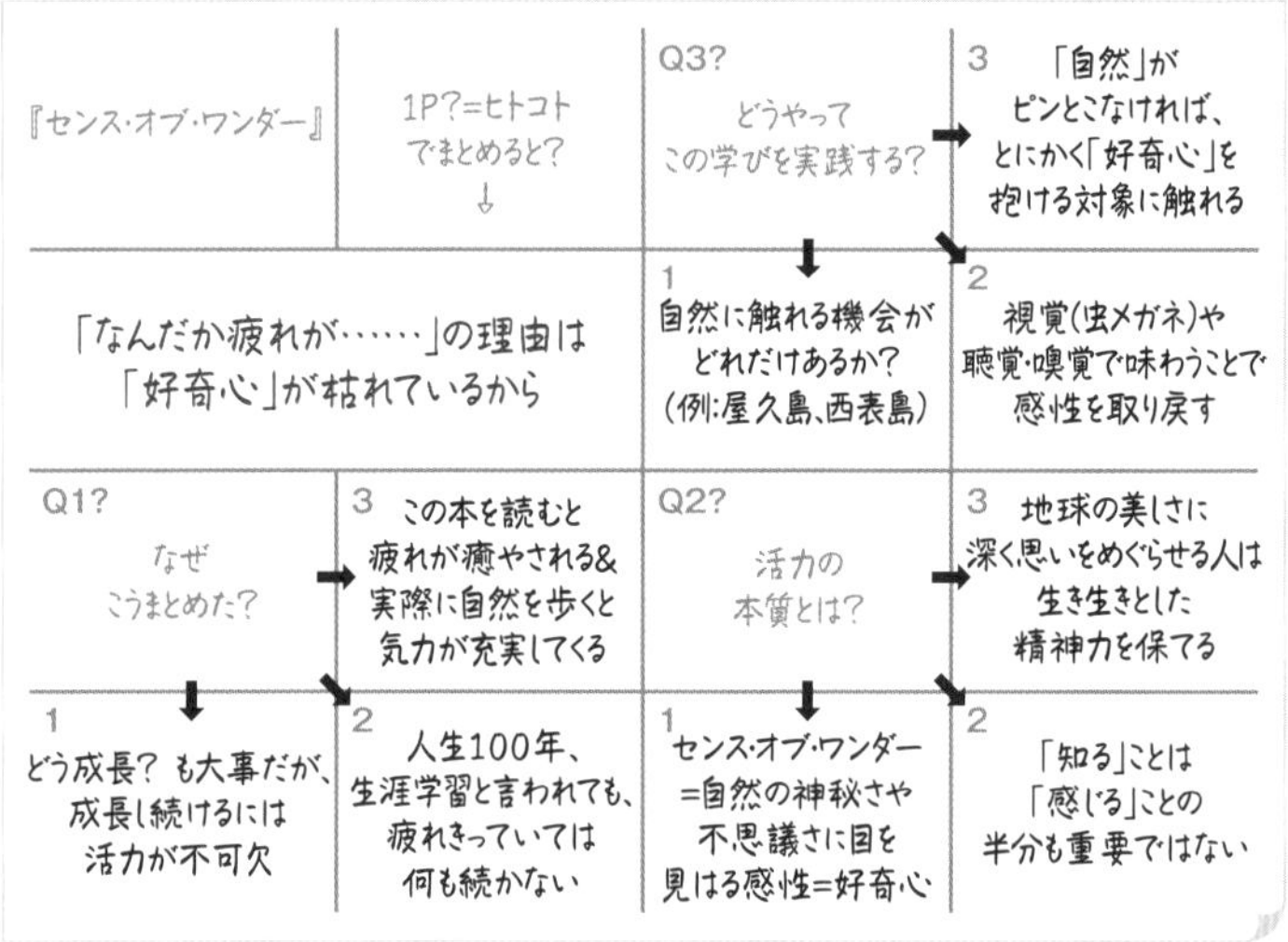
『センス・オブ・ワンダー』
1P?=ヒトコト
でまとめると?
Q3?
どうやって
この学びを実践する?
3
「自然」が
ピンとこなければ、
とにかく「好奇心」を
抱ける対象に触れる
「なんだか疲れが……」の理由は
「好奇心」が枯れているから
1
自然に触れる機会が
どれだけあるか?
(例:屋久島、西表島)
2
視覚(虫メガネ)や
聴覚・嗅覚で味わうことで
感性を取り戻す
Q1?
なぜ
こうまとめた?
3
この本を読むと
疲れが癒やされる&
実際に自然を歩くと
気力が充実してくる
Q2?
活力の
本質とは?
3
地球の美しさに
深く思いをめぐらせる人は
生き生きとした
精神力を保てる
1
どう成長? も大事だが、
成長し続けるには
活力が不可欠
2
人生100年、
生涯学習と言われても、
疲れきっていては
何も続かない
1
センス・オブ・ワンダー
=自然の神秘さや
不思議さに目を
見はる感性=好奇心
2
「知る」ことは
「感じる」ことの
半分も重要ではない

海洋生物学者であるレイチェル・カーソンは、『センス・オブ・ワンダー』よりも**『沈黙の春』**（新潮社）という著作で有名です。彼女は1960年代に『沈黙の春』を出版し、化学物質が自然や人体に及ぼす影響について警鐘を鳴らしました。以降、人類は環境問題をより重視するようになり、エコ、ロハス、サステナビリティ等々、近年のSDGsといった流れにもつながっていきます。レイチェル・カーソンは、そんな源流的な名著を残した人物です。

そもそも私は、大学時代に環境問題について学んでいました。最終的には環境経済学という学問分野に絞りましたが、それまでは文理問わずさまざまな知見に触れていて、その中で出合ったのが『沈黙の春』でした。

その後、今回選書した『センス・オブ・ワンダー』にも出合い、こちらは20代・30代を通じて何度も読み返す1冊となっていきました。なぜなら、『道をひらく』と同様、この本もただ読んでいるだけでエネルギーレベルが高まり、自然と前向きな気持ちになれるからです。

タイトルにある「センス・オブ・ワンダー」の意味について、本の中では次のように記述されています。

もしもわたしが、すべての子どもの成長を見守る善良な妖精に話しかける力をもっているとしたら、世界中の子どもに、生涯消えることのない「センス・オブ・ワンダー＝神秘さや不思議さに目を見はる感性」を授けてほしいとたのむでしょう。

この感性は、やがて大人になるとやってくる倦怠《けんたい》と幻滅、わたしたちが自然という力の源泉から遠ざかること、つまらない人工的なものに夢中になることなどに対する、かわらぬ解毒《げどく》剤になるのです。

読んでもらってわかる通り、この本は「妖精」といった言葉が登場するような詩的な文章で綴《つづ》られています。

加えて、随所に「自然」の写真が挿入されていて、ただページをめくっているだけでも**「センス・オブ・ワンダー＝神秘さや不思議さに目を見はる感性」**を自身の中に垣間見ることができる。そんな本になっています。つまり、『センス・オブ・ワンダー』自体が、あたかも「解毒剤」となるようなつくりになっているのです。

なので、日々の仕事や生活で疲れを感じている人ほど今すぐにでも読んでみてほしいのですが……。

大切なのは、やはり「読んだ後」の「ジブンゴト化」です。

あなたは普段、自然に触れる機会がどのくらいあるでしょうか。

私は過去に、この本を携えて屋久島や西表《いりおもて》島を訪れたことがあります。

東京では味わえない大自然に触れながらこの本を読む経験は、本当に格別なものでした。今でもそのときの感覚は鮮明に残っていて、自身の感性や活力を呼び覚ます大切な原体験となっています。

もし可能であれば、あなたにも同じようなアクションを「読んだ後」にやってみてほしいのですが……。現実的にはなかなか『センス・オブ・ワンダー』に登場するような豊かな自然環境に触れることは難しいかもしれません。

その場合は、たとえば近隣にある比較的緑の多い公園に行ってみてください。

とにかく現状、自然に触れる機会がほとんどないというのであれば、それこそが、自身がエネルギー切れを起こしてしまう原因なのではないか。

本書をきっかけに、そうした可能性と向き合ってみてほしいのです。

私自身、二人の子供を育てながら今この本を書いていますが、家族でそういった場所を頻繁に訪れるようになって、ようやく自覚しました。

独身時代は旅行のときくらいがせいぜいで、日常的にはほとんど自然に触れないで生活していたのだなと。『センス・オブ・ワンダー』を愛読していたにもかかわらず、当時の私には「自然とのふれあい」が圧倒的に不足していました。

これでは週の後半になると息切れするのも当然で、その理由は肉体的な体力以上に、精神的な気力が枯渇していたからだったわけです。

実際、「センス・オブ・ワンダー」を大切にしている人には、こんな特徴があります。

地球の美しさと神秘を感じとれる人は、科学者であろうとなかろうと、人生に飽きて疲れたり、孤独にさいなまれることはけっしてないでしょう。たとえ生活のなかで苦しみや心配ごとにであったとしても、かならずや、内面的な満足感と、生きていることへの新たなよろこびへ通ずる小道を見つけだすことができると信じます。

地球の美しさについて深く思いをめぐらせる人は、生命の終わりの瞬間まで、生き生きとした精神力をたもちつづけることができるでしょう。


この引用文を読んでみていかがでしょうか。

もしかすると、「地球の美しさ」などと書かれていて胡散臭《うさんくさ》いと感じた人もいるかもしれません。実際、過去に何度か『センス・オブ・ワンダー』を紹介したことがあるのですが、「正直ピンとこないです」「虫が多いところは嫌いです」「自然は不便だからめんどくさいです」といった感想をもらってしまい、愕然《がくぜん》としたことがあります。

現代は、「自然に触れよう」というメッセージが怪しい・面倒とすら感じられてしまう時代です。でも、だからこそ『センス・オブ・ワンダー』をあえて**「成長への活力になるから」**という文脈・動機付けで今回紹介してみました。

本来であれば、こんな実利的な観点でガイドするような本ではありません。
それでも、疲れ切った社会人学習者に出会うたびに、私はこの本を読んで大切なことを取り戻してほしいと願わずにはいられないのです。

『センス・オブ・ワンダー』の世界観をじっくり味わってみてください。その後、「読んだ後」のアクションとしては、公園や道路脇にある草花をほんの数分でよいのでじっと観察してみてほしいのです。

その際、『センス・オブ・ワンダー』では「虫メガネ」が観察アイテムとして登場します。さすがに現代ビジネスパーソンに「虫メガネを携帯して通勤しよう」と提案するつもりはありません。ただ、スマホを虫メガネ化できるアプリはたくさんあったりします。なので、もし「アプリを入れるくらいならよいかも」と感じられるなら、気軽に試してみてください。

あるいは、もっとハードルを下げてスマホのカメラで撮影するだけでもOKです。そして、撮った写真と実物を見比べ、ひとしきり観察してみましょう。**些細な気づきをスルーせず、味わい、ひとしきり楽しんでみる。**

これだけでも、十分にエネルギー補充につながっていきます。

『センス・オブ・ワンダー』の中では「嗅覚」の重要性にも触れられています。確かに、「胡散臭い奴だな」「ここは何か匂うな」「きな臭い展開になりそうだ」等々、私たちの嗅覚には真善美を嗅ぎ分ける能力があるのだと、数多くの日本語も教えてくれています。

ぜひ視覚的にだけでなく、嗅覚的にも味わってみてください。これも、自身に潜在する「センス・オブ・ワンダー」を呼び覚ます大切な基本動作となります。

あるいは、今回はあくまでもエナジーマネジメントの観点からガイドしていますので、対象を「自然」以外に拡大してもらっても構いません。何かにハマり、没頭し、寝ても覚めても考えてしまうような題材でありさえすれば、「生き生きとした精神力をたもちつづけること」は十分に可能です。

レイチェル・カーソンにとってはそれが自然だったと捉えれば、別の対象に置き換えても大丈夫だと捉えることもできるのではないでしょうか。

ぜひ図34のような「1枚」を作成し、自身が幼少期の頃に好奇心全開で没頭していたこ

図34 幼少期にハマっていたことを紙１枚に埋めてみる

幼少期にハマっていたこと	〇〇〇	なぜハマった？その本質は？	どうすれば今再現できそうか？
プラモデル	〇〇〇	改造、何か創り出すことが楽しい	本の執筆
サイバーフォーミュラ	〇〇〇	クルマが好き？愛知への愛郷心？	自動車業界と関わるカタチで働く
何度も見返してしまいそのたびに涙	〇〇〇	実は「ものづくり」より「ものがたり」に感動？	映画のストーリー分析や研究をやってみる
プラネタリウムのおじさんの解説	〇〇〇	もっと知りたい	〇〇〇
ズッコケ三人組	〇〇〇	図書館にいるだけでその気になれる	〇〇〇
図書館に行くこと	〇〇〇	〇〇〇	〇〇〇
〇〇〇	〇〇〇	〇〇〇	〇〇〇

とを、この機会に思い出してみてください。

そして、それらを今この段階で再開するとしたら、あるいは何らかのカタチで仕事や日常に取り入れて再現するとすれば、いったいどうすれば可能になるのか。

そんなことについて考えてみてほしいのです。

私は幼少期にテレビアニメ『新世紀GPXサイバーフォーミュラ』に異常にハマっていたことがあります。放送終了後もTVシリーズの最終2話を何十回も見返し、そのたびになぜか涙が流れてくるのです。

試しにこの部分を書くために久々に見返したら、やはり涙が止まりませんでした。

理由はいまだによくわからないのですが、それを突き止めたいという好奇心が、長きにわたって私の原動力の1つとなっていることは確かです。

あるときは「クルマが好きだから」と捉え、それを志望動機にして実際に自動車会社であるトヨタに就職してしまいました。またあるときは「アイデアやコンセプト、物語に感動したから」といった部分に理由を見出し、本づくりや講義内容の構築といった自身の創作活動に活かしたりもしています。

本当のところは依然としてわからないままなのですが、今でもうまく言語化しきれないからこそ、「不思議だと感じる心」も長く持続するわけです。

あなたにも、そういった対象が何かしら過去にあったのではないでしょうか。

以上、これは「好奇心」「感受性の発露」に関する私の拙い例に過ぎません。

わかってほしかったことは、**世間的にどうかではなく個人的にどれだけ心惹かれたかを大切にしてほしい**という点です。傍《はた》から見れば、「そんな作品、知らない」「社会人にもなって何を言ってるんだ」と感じる人もたくさんいるはずですが、そういった外野のリアクションはどうでもよいというスタンスでいきましょう。

むしろ、**「他の人が冷めた反応しかしていないのに、なぜか自分だけがのめり込んでしまっていること」こそが、自身にとっての重要な「好奇心＝エネルギー源のスイッチ」**なのだと捉えてみてください。

以上、疲弊する現代人にとって重要な名著と、その本質を「1枚」埋めて「ジブンゴト化」して活用する方法をガイドしてきました。多くの読者が、今回の読書体験をきっかけに「自然」に積極的に触れる、あるいは自身の「好奇心」の源を見出していけることを切に願っています。

15 高められた楽しみで成長へのモチベーションを燃やす

読む前

「私はそもそもエネルギーレベルが低く、体力のないタイプです……」

「1つのことに集中できず、すぐ注意散漫になってしまいます……」

「どうすればもっと没頭できるようになるのでしょうか……」

読んだ後

「没頭状態になると疲れを感じなくなるという視点が新鮮！」

「フロー状態になる方法がよくわかりました！」

「これで没頭できる時間をもっと増やしていけそうです！」

この本で学び取れる力

▼集中力 ▼疲れを感じなくなるほどの没頭力

『フロー体験入門――楽しみと創造の心理学』

M.チクセントミハイ著

大森弘監訳

世界思想社

成長し続けるためのガソリンをどうやって充填していくか。

これまで、「初心を思い出す」「自然に触れる」「好奇心を取り戻す」といった本質を共有してきましたが、今回は「エナジーチャージ」というよりも**「そもそも疲れを感じなくなってしまう」**本質といった意味合いになってきます。

疲れを感じなくなれば当然ながらたくさん量をこなせるため、その分だけ成長のスピードも加速していく。そんな人生を手にするための必読書を紹介していきます。

さっそくですが、先にキーワードをヒトコトで言ってしまうと、**「没頭」**です。

「没頭」しているとき、人はいくらでも頑張れるという心境になれます。時間の感覚は曖昧になり、疲れを感じることなく集中して取り組むことができる。

この状態で働ければ仕事のパフォーマンスや生産性も最大化できますので、以前から「どうすれば没頭できるか？」についての研究が多数行なわれてきました。

その中でも有名な本として、今回は「ポジティブ心理学」と呼ばれる学問を創始し、シカゴ大学やクレアモント大学院大学の教授でもあったチクセントミハイによる**『フロー体験入門』**を取り上げます。

図35 メンタルステートメントを紙1枚でまとめてみる

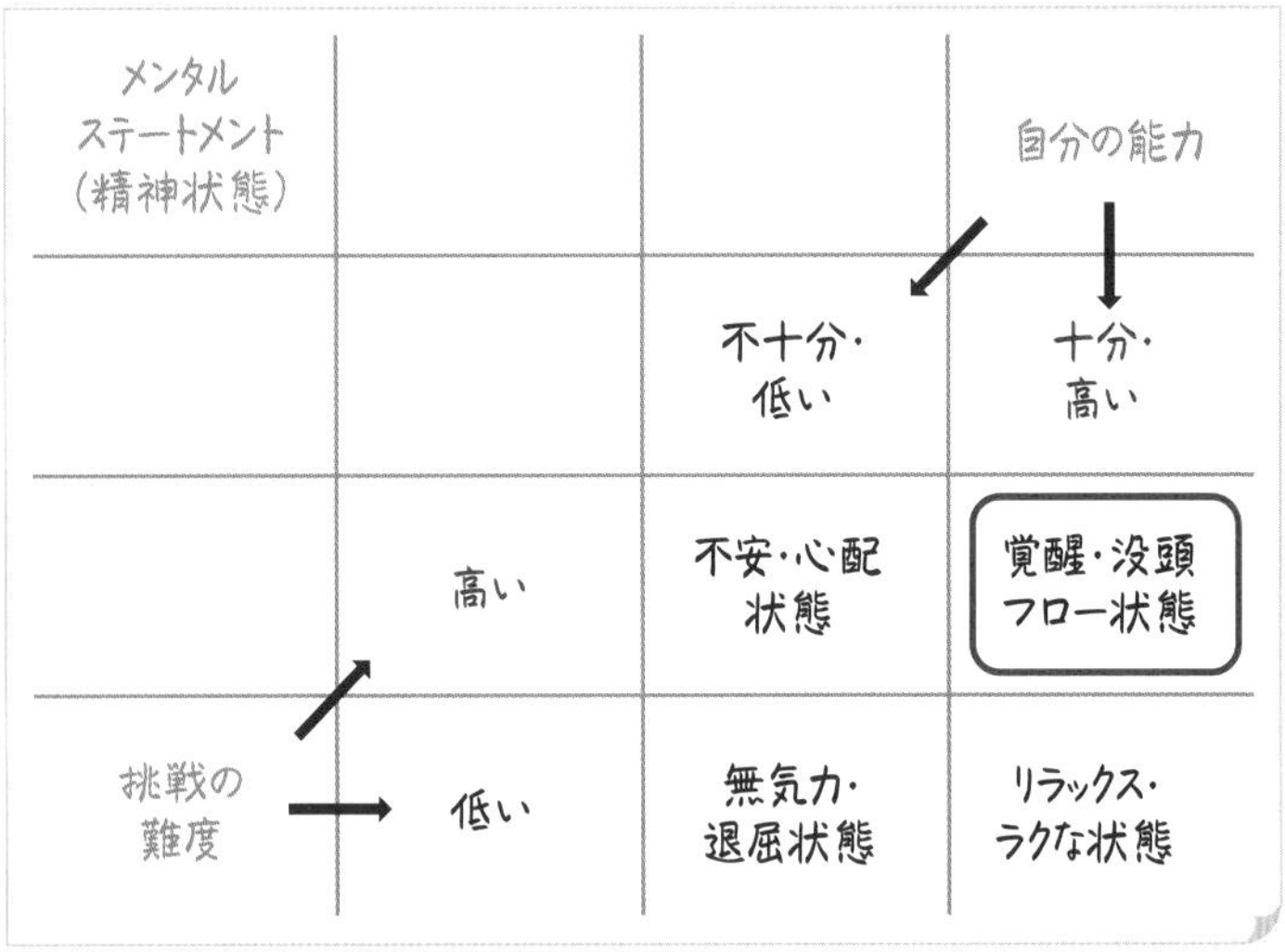

まずは次の「1枚」をご覧ください。

図35は、人間の「精神状態＝メンタルステートメント」について4象限で整理したものです。書籍の中では8つに分けられていますが、「1枚」フレームワークにトレースする際、4つにまとめ直して簡略化してあります。

この「1枚」を見ながら、次の引用文を読んでみてください。きっとすんなり意味が了解できるはずです。

目標が明確で、迅速なフィードバックがあり、そしてスキル〔技能〕とチャレンジ〔挑戦〕のバランスが取れたぎりぎりのところで活動している時、われわれの意識は変わり始める。そこでは、集中が焦点を結び、散漫さは消滅し、時の経過と自我の感覚を失う。その代わり、われわれは行動をコントロールできている感覚を得、世界に全面的に一体化していると感じる。われわれは、この体験の特別な状態を「フロー」と呼ぶことにした。

整理すれば、私たちは**「没頭＝フロー状態」**（と今回はシンプルに定義しておきます）に入ることで加速的に成長できるわけですが、その条件は**「チャレンジングだが決して不可能ではない題材に取り組むこと」**です。

これについては、図36のような「1枚」を作成することでも、効果的に見出すことができます。

第1章の『GIVE&TAKE』のところで紹介した枠組みと同じ「1枚」ですが、今回のテーマは「成長」です。

したがって、真ん中の「ストレッチ／ラーニング・ゾーン」に収まってくるような題材を優先で取り組んでいきましょう。

図36 不可能ではない題材に取り組む

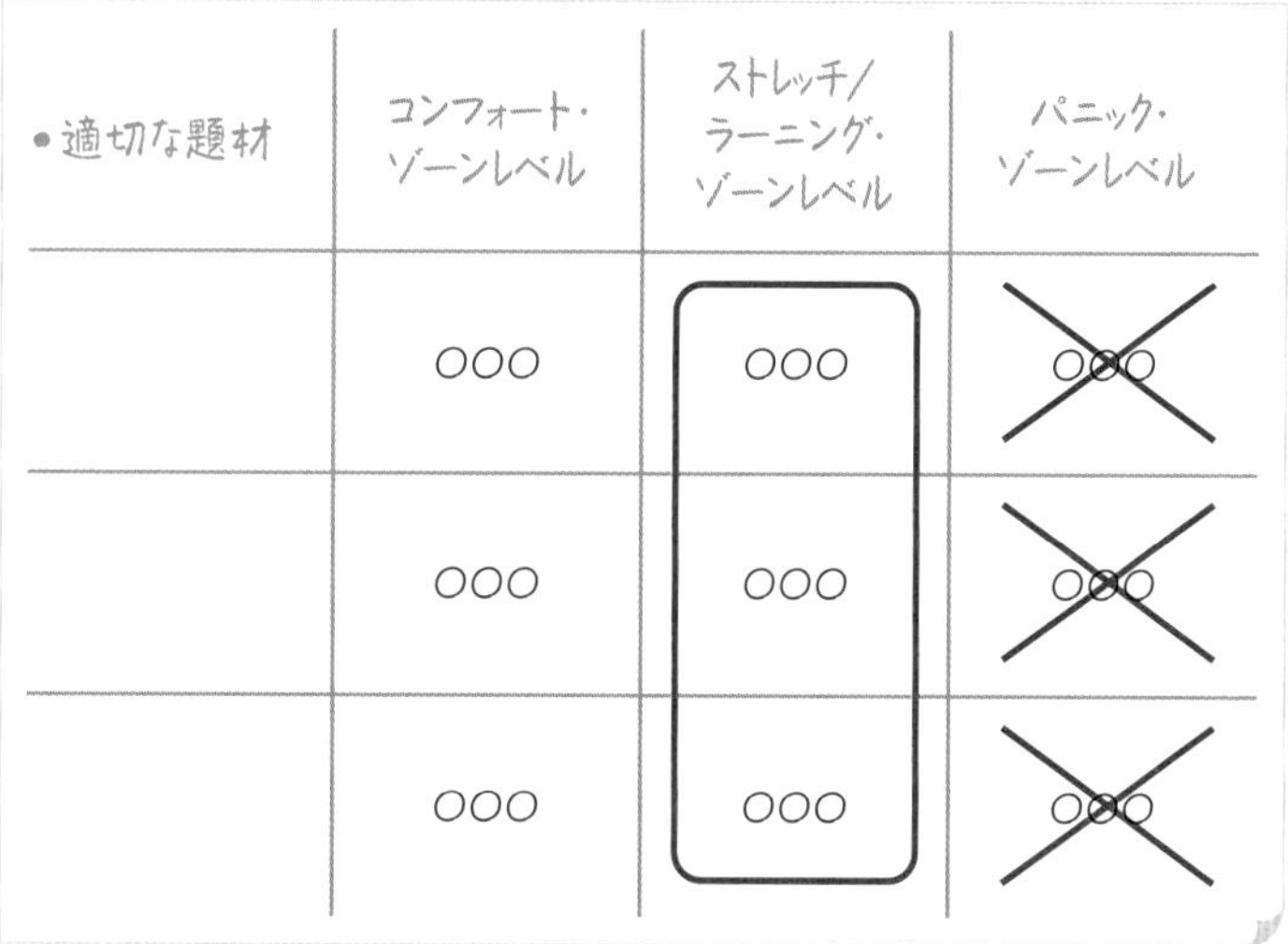

・適切な題材
コンフォート・ゾーンレベル
ストレッチ／ラーニング・ゾーンレベル
パニック・ゾーンレベル
○○○
○○○
○○○
○○○
○○○
○○○
○○○
○○○
○○○

そうすれば、それが仕事であれ趣味であれ、私たちはフローやゾーンといった没頭状態に入りやすくなります。

ひとたびこの状態に入ることができれば、疲れを気にせず取り組めるようになりますので、たくさんの量をこなし効果的に成長することが可能です。

先ほどの「1枚」に記入し、本で得た抽象度の高い学びを「ジブンゴト化」してみる。このプロセスを踏みながら、何をしているときに自分が没頭モードに入りやすくなるのか見出していってください。

それと、もう1つ別の観点から、自身が没頭できる対象を自覚するヒントについて学び取れたポイントがありました。
『フロー体験入門』には、こんなことも書かれています。

趣味はテレビよりも約二・五倍、高められた楽しみの状態を生み出しやすく、活動的なゲームやスポーツは約三倍以上である

この引用文を挙げた理由は、「趣味のほうがフローに入りやすい」「スポーツは特によい」「活動的ならゲームでも構わない」といったことを言いたいからではありません。重要なのは、**「高められた楽しみ」**という独特な言葉です。

これは**「能動的に、主体的に、自らの意志で積極的に楽しみにいく」**といった意味だと解釈してみてください。要するに、**「受け身で、ただ漫然と取り組んでいるうちはフローには入れない」**ということです。

たとえば、ディズニーランドやＵＳＪに行って、あるいは何らかのエンターテインメントに触れてただ「楽しませてもらっているだけ」では受動的であり、能動的に「高める」要素がありません。

一方、夢中になってアトラクションのバックストーリーを調べたり、モチーフになっている作品を片っ端から鑑賞して味わったりするのであれば、その楽しみは高められたものへと変貌していきます。

仕事も同じで、指示待ちで受動的に働いているうちは、没頭モードに入ることができません。

自分なりに調べたり、能動的に考え、工夫したりするなかで、私たちは自身の担当業務に「高められた楽しみ」を見出すことできる。その過程で没頭するからこそ、疲れを忘れていくらでもその仕事について極めていくことができるわけです。

となると、重要なポイントは、「どうすれば能動的に、主体的に、積極的になれるか？」という問いに定まってくるわけですが……。

実は、この問いの答えがチクセントミハイの言葉で言えば**「内発的動機づけ」**、要するに**「意欲や探求心、好奇心」**となります。だからこそ、『センス・オブ・ワンダー』と並べて、セットでこの本を紹介することにしたのです。

「好奇心を抱ける対象かどうか？」で、どれだけ能動的になれるかが決まり、そのことで没頭できるかどうかも左右されてしまう。

没頭の度合いによって成長の質やスピードが決まってしまう以上、最後はどれだけ自分が仕事や探求しているテーマに「好奇心」を見出して過ごせているか。

この点に関して、ぜひ今回をきっかけにじっくり向き合ってみてください。

ただ……。実際に直面してもらうと、「ハマれるものがないです」「そんなに興味関心が持てないです」といったリアクションをもらうこともよくあります。

そんな人ほど、前回ご紹介した『センス・オブ・ワンダー』に書かれている通り、まずは実際に自然のなかでしばらく過ごしてみてください。

そのうえで「幼少期にハマったこと」や「Ｍｙ Ｄａｙ１」の「１枚」を埋めてみてもらえば、自身が何をやっているときに没頭できるか、きっと気づけるはずです。

以上、今回のブックガイドは、図37の「１枚」まとめをベースにして紹介しました。おさらいとして一通り確認してみてください。

とにかくこの本を「読んだ後」に「ジブンゴト化」していきたい最大のテーマは、ただ

図37『フロー体験入門』を紙1枚にまとめたもの

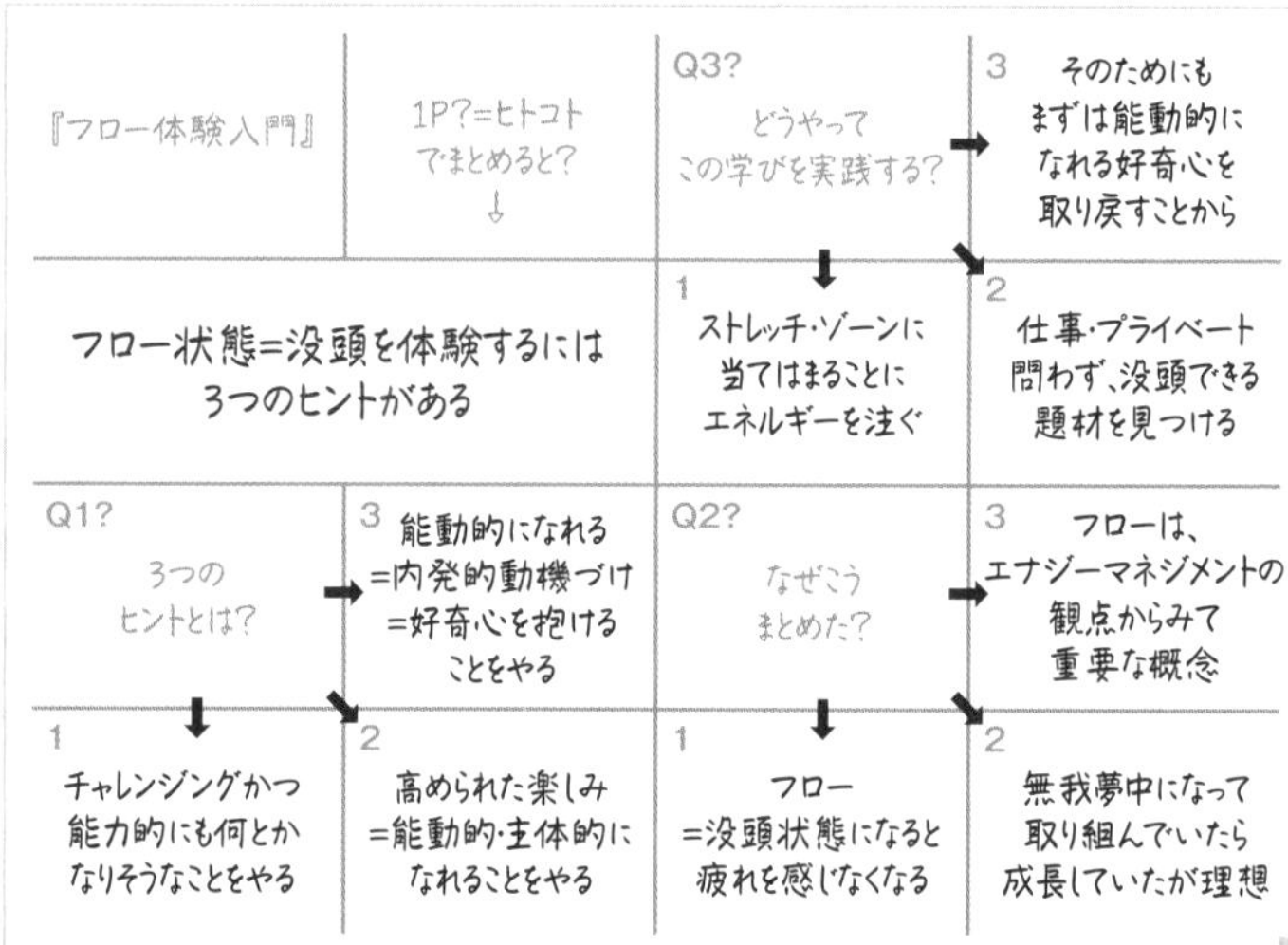

『フロー体験入門』
1P?=ヒトコトでまとめると?
Q3? どうやってこの学びを実践する?
3 そのためにもまずは能動的になれる好奇心を取り戻すことから
フロー状態=没頭を体験するには3つのヒントがある
1 ストレッチ・ゾーンに当てはまることにエネルギーを注ぐ
2 仕事・プライベート問わず、没頭できる題材を見つける
Q1? 3つのヒントとは?
3 能動的になれる=内発的動機づけ=好奇心を抱けることをやる
Q2? なぜこうまとめた?
3 フローは、エナジーマネジメントの観点からみて重要な概念
1 チャレンジングかつ能力的にも何とかなりそうなことをやる
2 高められた楽しみ=能動的・主体的になれることをやる
1 フロー=没頭状態になると疲れを感じなくなる
2 無我夢中になって取り組んでいたら成長していたが理想

受動的に日々を流して生きているだけでは成長し続けることなんてできないし、フロー体験とは無縁のつまらない人生になってしまうという点です。

ぜひ、ここまで紹介した3冊の本をベースにしつつ、成長へのモチベーションを燃やし続けていってください。

16 才能だけでは決まらない、適切な努力を積み重ねれば成長できる

読む前

「自分には才能なんてないと感じてしまいます……」

「努力で変われると思う！　ただ、ムダな努力はしたくない……」

「どうすれば、報われる努力ができるのでしょうか……」

読んだ後

「効果的に成長できる3つの本質で変われそうです！」

「報われる努力の本質がわかりました！」

「心的イメージの形成が重要なんですね！」

この本で学び取れる力

▼効果的な練習力・実践力

▼成長力

『超一流になるのは才能か努力か？』
アンダース・エリクソン、ロバート・プール著
土方奈美訳
文藝春秋

ここまでの3冊は、成長そのものというよりは成長の前提条件であるモチベーションやエネルギーのケアにフォーカスをあて、重要な書籍をガイドしてきました。

いよいよ今回は**「どうすれば効果的に成長していけるのか？」**というテーマに直接答えてくれる本を紹介していきます。

フロリダ州立大学心理学部教授のアンダース・エリクソンらによる**『超一流になるのは才能か努力か？』**は、タイトル通り人間の成長や上達の過程をテーマにした本です。30年以上にわたってさまざまな分野で一流と評される人たちの共通点を研究し、そこから見出された本質を学ぶことができます。

これから図38をベースにガイドしていきますので、成長に向けた自身の日々の取り組みと比べながら、以降を読み進めていってください。

さて、まずは本のタイトルについて、あなただったらどう考えるでしょうか。

人生の成否は才能で決まってしまうのか。それとも努力次第なのか。

本の中で、「絶対音感」の例が登場します。かつては音楽的な「才能」の1つとして捉

図38『超一流になるのは才能か努力か？』を紙1枚にまとめたもの

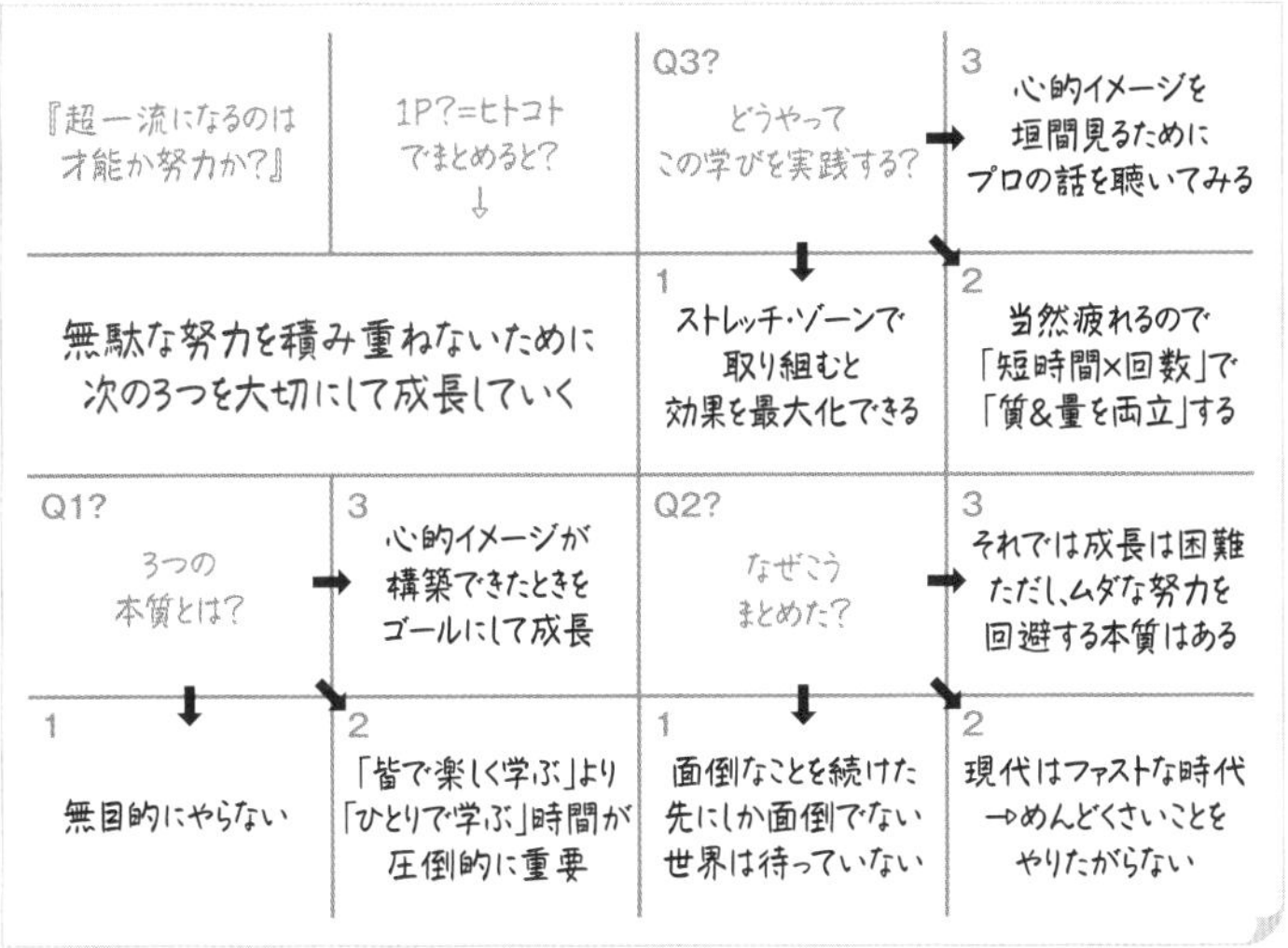
『超一流になるのは才能か努力か？』
1P？＝ヒトコトでまとめると？
Q3? どうやってこの学びを実践する？
3 心的イメージを垣間見るためにプロの話を聴いてみる
無駄な努力を積み重ねないために次の3つを大切にして成長していく
1 ストレッチ・ゾーンで取り組むと効果を最大化できる
2 当然疲れるので「短時間×回数」で「質&量を両立」する
Q1? 3つの本質とは？
3 心的イメージが構築できたときをゴールにして成長
Q2? なぜこうまとめた？
3 それでは成長は困難 ただし、ムダな努力を回避する本質はある
1 無目的にやらない
2 「皆で楽しく学ぶ」より「ひとりで学ぶ」時間が圧倒的に重要
1 面倒なことを続けた先にしか面倒でない世界は待っていない
2 現代はファストな時代→めんどくさいことをやりたがらない

えられていた絶対音感ですが、現在は適切な訓練＝「努力」を積み重ねていけば修得可能だとわかっています。

実際、私自身に絶対音感はありませんが、子供が未就学児の頃に本書でも言及されている日本発のトレーニングをやらせてみたところ（興味のある方は「スズキ・メソード」で検索してみてください）、本当に身につけてしまいました。

『超一流になるのは才能か努力か？』は、「何を読むか？」「どう読むか？」「読んだ後にどう活かすか？」という3つの問い、その中でもとりわけ最後の「How」の重要性を改めて体感した1冊でもあります。

以上、これでわかってもらえたと思いま

すが、問いの答えは**「才能だけでは決まらない」**です。ただし、そのためには**「適切な訓練=努力」が必要**であり、では**「どうすれば適切な努力を積み重ねて成長できるか？」**ということに関して、この本で本質的な知見を学ぶことができます。

とはいえ、タイトルにあるような「一流の人がどうすれば超一流になれるか？」という観点にフォーカスしてしまうと、あまり再現性のある話ができません。書籍のなかでは「限界的練習」という方法論が提唱されているのですが、これを普通の環境に暮らす一般人がそのまま再現することは困難です。

そこで、私なりに本を「読んだ後」にまとめ直した**「適切な努力を積み重ねるための3つの本質：誰でも実践可能バージョン」**を共有します。今後、実際に本も読みながら、今回のまとめを実践時の一助として参考にしてください。

まず1つ目は、**「目的を明確にし、意図的に練習する」**です。

これは言い換えると、**「ダラダラと、漫然と、受け身で練習しても成長にはつながってこない」**という意味になります。ただ闇雲に回数や量だけをこなしても、そこに意図がなければ積み上がる努力にはなってこないわけです。

ただ、普通の人向けバージョンとして2つほど補足をしておきたいことがあって、1つ目は「とりあえずカタチになるまで」は、ひたすら量をこなす段階もそれはそれで大切にしてほしい。ここをどうか誤解しないでほしいのです。

たとえば、本書で提唱している「1枚」フレームワークを今後活用し、身につけていきたいとしましょう。実際にそういった心境になってくれている読者ばかりだと願いますが、最初の30枚、あるいは少なくとも最初の3週間くらいは「質より量」です。

とにかくまずはたくさん埋めて、「1枚」への親近感を高めていく。身近に感じられるところまでなじませていくことが先決という段階は間違いなくあるので、ここで書いた「目的のある練習・意図的な練習」は、一通りカタチになった後から当てはめていくようにしてください。

なぜなら、意図をもって練習するのは当然ながら「ものすごく疲れるから」です。

長時間取り組むことができない以上、どうしても初期段階より回数は少なくなっていきます。なので、ここからは「量より質」です。

ダラダラと長時間続けるのではなく、短時間による意図的な練習をコツコツ積み上げていく。書籍の中では「細かく区切る」ことの重要性も説かれていますが、本章で一貫して流しているエナジーマネジメントの観点からも、「短時間に区切って繰り返す」は大切な本質です。

もう1つの補足事項は、『超一流になるのは才能か努力か？』では目的を明確にした練習のキーワードとして、**「はっきりと定義された目標」「集中」「フィードバック」「コンフォート・ゾーンから飛び出す」**の4つが挙げられています。

順番に読み進めてきた読者はピンとくると思いますが、これは前回ガイドした『フロー体験入門』に書かれている条件と同じようなものばかりです。

ということは、「没頭」状態に入ることができれば、「目的のある練習」をしていても疲れを感じにくくなり、ある程度回数もこなせることになります。

つまり、質と量をできるだけ両立して実践・継続・成長していきたいのであれば、**「ストレッチ・ゾーン」レベルのことに「没頭」して取り組めばよい**。そのためにも、**「自身が能動的になれる＝探求心や好奇心を抱けるテーマを選んだほうがよい」**ということになってきます。

いろいろ書いてきましたが、要するに**「好きこそものの上手なれ」**ということです。この格言はやはり本質なのだということが、2冊の本を組み合わせることでより深く納得できると私は考えています。

たとえ興味関心を抱ける対象であったとしても、日々積み重ねていく努力の大半は、地味で、面倒で、面白くなどありません。それでも続けたいと思えるかが重要なので、もし好きかどうかでピンとこなければ「続けたい／続けなければならないと思えるか？」で捉えてもらっても大丈夫です。

効果的に成長していくための2つ目の本質は、**「独学や自主練を中心にする＝みんなで楽しくグループ学習に安住しない」**です。

『超一流になるのは才能か努力か？』には、バイオリンの能力と練習時間に関する研究が登場します。

内容は、**「一流は凡人よりも練習時間が多く、超一流は一流よりもさらに多い」**といった話なのですが、ここで大切なのは**「成長において重要なのは、圧倒的に独学や自主練といった〝ひとりの時間〟のほうにある」**という点です。

社会人教育の世界では多種多様なセミナーが日々開催されていますが、ただ講義を漫然と受講し、参加者と楽しく懇親しているだけでは成長にはつながっていきません。受動的・反応的な受講姿勢も問題ですが、何より「独りの時間＝自主練の時間」が圧倒的に不足しているからです。

あるいは、先ほど「目的のある練習」の条件として「フィードバック」を挙げました。これは優れたコーチや指導者から適切なフィードバックをもらうことで、より効果的に成長できるといった意味で、一流を目指すうえで大変重要な要素であることは確かです。

ただし、より重要なファクターは「膨大な自主練」のほうであり、たとえ優れた指導者に師事できたとしても、日々の自習をサボっていてはやはり結果はでないということになってしまいます。

そもそも、あなたが成長すべく取り組んでいるテーマについて優れた指導者が身近にいるケースなんて、実際はほとんどないのではないでしょうか。

そこで重要になってくるのが、成長の成否を左右する「独りの時間」において、自分で自分にどれだけ適切なツッコミを入れていけるかという**「セルフフィードバック」**の力です。

もちろん、これは一朝一夕に身につくものではありません。それこそ、「セルフフィードバック力」を身につけるためにも、適切な努力が必要になってきます。

とはいえ、実は「すぐにできる適切な努力」を皆さんはもう学んでいて、具体的には**これまでに作成してきた「1枚」を見返してみてほしい**のです。

「このテーマだと、短絡的な内容が多くなるな」「この題材は、比較的丁寧に考え抜けているな」等々。これまでに、あるいはこれから積み上げていく「1枚」を振り返れば、自身を客観視していくことができます。

「書き出す、客観視する、セルフフィードバックをかける」の3ステップは本当にシンプルなアクションですが、優れた指導者との出会いが見込めない環境では、もうこれしかないのではないかというくらいに大切な基本動作です。

練習には膨大な時間が必要だということはわかっても、実際に何をどうすればよいかわからないといった状態の人は、ぜひ本書を通じて「1枚」をたくさん作成し、**ときおり見返して自身を客観視する＝セルフフィードバックをかけていく**といった取り組みを、まずは習慣化していってください。

効果的な成長を積み上げていくための最後の条件・本質は、**「心的イメージの構築をゴールにして成長していく」**です。該当箇所を引用してみます。

「限界的練習によって具体的に脳の何が変わるのか」という質問を挙げたが、その答えの一番重要な部分がこれだ。エキスパートと凡人を隔てる最大の要素は、エキスパートは長年にわたる練習によって脳の神経回路が変わり、きわめて精緻《せいち》な心的イメージが形成されていることで、ずば抜けた記憶、パターン認識、問題解決などそれぞれの専門分野で圧倒的技能を発揮するのに必要な高度な能力が実現するのだ。

「なぜ、才能ではなく努力なのか?」に関する最も端的な答え・理由は、この引用文に書かれている通り**「脳の神経回路が変わり、心的イメージが形成されるから」**です。これを「脳の可塑性《かそせい》」と言います。ともかく、「心的イメージ」は先天的な脳の構造=才能ではなく、努力によって後天的に変えていくことが可能なのです。

だからこそ、**「エキスパートと同じ心的イメージを獲得すること」**をゴールにして、日々成長していけばOKということになります。

では、最重要キーワードである「心的イメージ」とは何なのか。

私なりに3つの表現で解説してみると、まずは**「一流の人たちが共通して観ている世界・境地」**と言い換えてみます。

あるいは、**「木（部分）も森（全体）も両方見えていて、両者を自由自在に行き来できる状態」**と書けば、もう少しイメージが湧くでしょうか。

以上を踏まえ、**「考えなくてもわかる・できる状態、あるいは不測の事態にも臨機応変に適切な対応ができる状態まで、その分野について極めること」**だと、私なりには解釈しています。

これは本当に面白い、逆説的な本質で、**面倒をいとわずに努力を続けていれば、最終的にはめんどくさくない世界にたどり着ける**ということです。

たとえば、私にとっての「心的イメージ」の原体験は、トヨタで日々資料を「1枚」にまとめる仕事でした。当然ながら、当初は「1枚」にまとめること自体が大変だったわけですが、それでも回数をこなすなかで、とりあえず「1枚」に収めることはできるようになっていく。さらにその後も実践し続ける中で、中身の質もしだいに向上していきました。

作成時間もどんどん短くなっていったのですが、驚いたのがこの先の段階です。

あるとき、上司に突然呼ばれ、「この件ってどうなっているの？」と聞かれたことがありました。資料を作っている時間はまったくありません。ところが、上司に問われた瞬間、頭の中で瞬時に「1枚」の資料が浮かび、それに基づいてその場で即興的に応答することができてしまったのです。

その後も同様の体験を何度か繰り返すうちに、どうやら自分は「1枚」にまとめる段階を超え、もう「0枚」でも平気なレベルにまで成長できたのだと自覚するようになりました。

このように、あなた自身の仕事に当てはめて考えてもらうことが一番わかりやすくなります。当初はものすごく時間のかかっていたことが、片手間レベルでもできるようになった。

あるいは、打ち合わせ等に参加していて、「一を聞いて十を知る」ような状態で、相手の言っていることが手に取るようにわかってしまう体験をした。

他にも、突発的な対応が求められたときに、動揺することなく淡々と適切な言動ができたとき、等々。こういった体験を頻繁にするようになったら、もうその分野・題材に関しては「心的イメージ」ができているのだと捉えてみてほしいのです。

もちろん、それが「一流」や「超一流」なのかと言われたら、まだまだ極める余地はいくらでもあるでしょう。せいぜい「一人前」といった言葉が適切なレベルなのかもしれません。

とはいえ、『超一流になるのは才能か努力か?』をどう読み、「読んだ後」にどう活かすかを重視するのであれば、まずは一流よりも**「一人前」といった言葉で「ジブンゴト化」して実践したほうが、圧倒的に役立てやすい**はずです。

少なくとも私はこのように捉え、「心的イメージ」という言葉の解像度を、自身の仕事や趣味を通じてこれまで上げてきました。抽象度の高い本質ほど、「ジブンゴト化」して体験を積み重ねながら向き合っていかないと身につけられません。

そこで、最後にもう1つだけ。引き続き「心的イメージ」がピンとこないという場合の補助線を引いておきます。

社内で仕事ができると評価されている人たちの言動を観察し、その共通点を探してみて

図39 心的イメージを紙１枚に埋めてみる

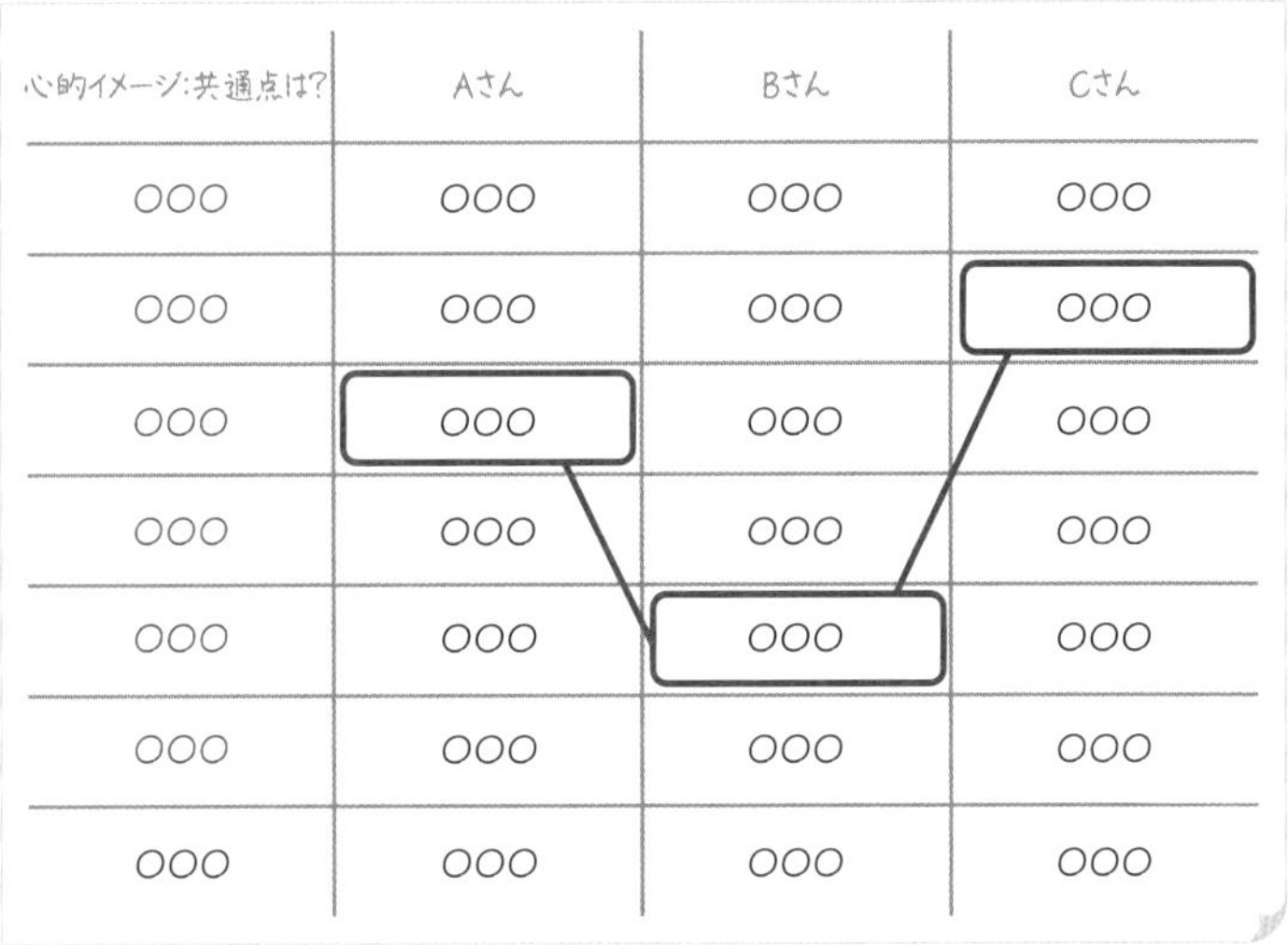

ください。図39のような「1枚」を埋めながら取り組むとやりやすくなります。**「心的イメージ＝一流の人たちが共通して見ている世界・境地」**と解説したわけですから、彼ら・彼女らが大切にしていることや仕事に対する捉え方を、とにかくまずは青ペンで書き出してみる。その後、見比べてみて共通点があれば、赤ペンでつないだり、1列目に赤ペンで書き込んだりして言語化してみてください。

それこそが、あなたが仕事において獲得すべき「心的イメージ」となるはずです。

以上、「どうすれば効果的に成長し続けていけるのか？」についての最良の書を、私なりに噛み砕きつつガイドしてみました。

残念ながら、「めんどくさいことはやりたくない、でも成長はしたい」は両立できません。一方、「どうせ面倒なことをやるなら、有意義に取り組みたい」というニーズには、本書が間違いなく応えてくれます。

何より大切なことは、大量の実践の先に待っているのが「心的イメージ」を獲得した世界であり、そのレベルに達してしまえば、もはや面倒なことを経由しなくても同レベルのことができるようになってくる。

今回のガイドをきっかけに、一人でも多くの方がこの本質の醍醐味を実際に体感していってくれることを願っています。

17

「孤立の克服」のためにこそ、成長し続けなければならない

読む前

「努力で何とかなると言われても限界はあるのでは……」

「そもそもなぜ成長し続けなければならないのでしょうか……」

「成長主義の終わりとも言われていますし、安定でよいのでは……」

読んだ後

「なぜ成長しなければならないかの本質が腑に落ちました！」

「人のため、迷惑をかけないためという視点を持てました！」

「成長しないと最後は孤独になる、そうならないようにします！」

この本で学び取れる力

▼嫉妬に囚われない力

▼豊かな人間関係を育む力

MINDSET
マインドセット
「やればできる!」
の研究
The New Psychology
of Success

『マインドセット――「やればできる！」の研究』
キャロル・S・ドゥエック著
今西康子訳
草思社

本章のテーマである「成長」に関して、「どうすれば効果的に成長し続けていけるのか？」について学べる重要書籍のガイドは、前回までで一通り完了しました。

一方、今回選書した本は**「そもそもなぜ、成長し続けなければならないのか？」**という「Why」にフォーカスをあてて読んでほしいと考えています。

さっそくですが、次の1行がこの問いについての答えです。

成長し続けないと「人に迷惑をかけ、最後は孤独になってしまう」から。

図40が、今回の「1枚」まとめです。

『マインドセット』は、スタンフォード大学心理学部教授のキャロル・ドゥエックによる著作です。タイトル通り、「やればできる！」がその研究成果から導き出されたメッセージであり、前述の『超一流になるのは才能か努力か？』と同じく、「才能ではなく努力」という本質が共通しています。

ただ、より精緻に言うと、ドゥエックのほうは**「やればできると自分が信じられるもの**

図40『マインドセット』を紙1枚にまとめたもの

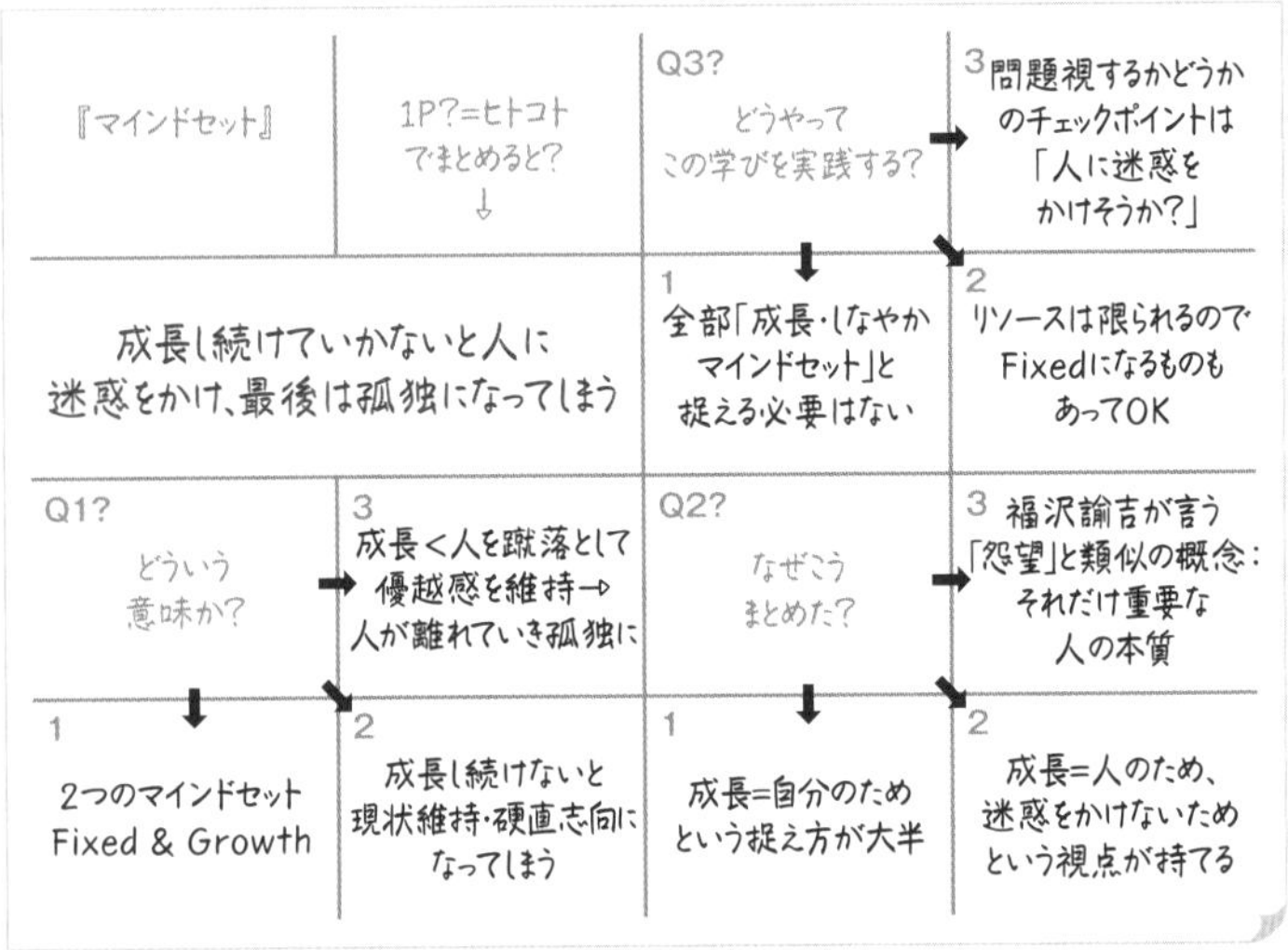
『マインドセット』
1P?=ヒトコトでまとめると?
Q3? どうやってこの学びを実践する?
3 問題視するかどうかのチェックポイントは「人に迷惑をかけそうか?」
成長し続けていかないと人に迷惑をかけ、最後は孤独になってしまう
1 全部「成長・しなやかマインドセット」と捉える必要はない
2 リソースは限られるのでFixedになるものもあってOK
Q1? どういう意味か?
3 成長＜人を蹴落として優越感を維持→人が離れていき孤独に
Q2? なぜこうまとめた?
3 福沢諭吉が言う「怨望」と類似の概念：それだけ重要な人の本質
1 2つのマインドセット Fixed & Growth
2 成長し続けないと現状維持・硬直志向になってしまう
1 成長=自分のためという捉え方が大半
2 成長=人のため、迷惑をかけないためという視点が持てる

については、才能より努力と捉え、頑張り、実際に何とかできる」といった意味合いなので、何から何まであらゆる仕事や趣味について「才能ではなく努力だ」と捉えているわけではありません。実際、このほうがより現実的で、精神的にもしんどくないのではないでしょうか。

ただ、そうなると私たちは、「やればできる」と信じて成長できる分野と、そう捉えることができないケースの両方を抱えて生きていくことになります。

このとき、「やればできる」と考えられる題材については**「しなやかマインドセット」**、一方、「やってもできない」と考えてしまうほうについては**「硬直マインドセッ**

図41 2つのマインドセットを紙1枚に整理したもの

2つのマインドセット	Fixed=固定・硬直マインドセット	Growth=成長・しなやかマインドセット	
基本的な方向性	現状維持	変化成長	
仕事・学習・キャリア	コンフォート・ゾーンを選択	ストレッチ・ゾーンを選択	
挑戦への態度	できるだけ回避	積極的にチャレンジ	
壁に直面すると	無理、諦める	乗り越えるまで粘る	
アドバイス・フィードバック	特に耳の痛い話を謙虚に聞けない	素直に聞ける	
失敗すると	能力の限界	成長の機会	
他人の目	気になる（弱みを見せたくない）	割と平気（弱さも開示できる）	

ト」で考えるようになってしまうというのが、『マインドセット』におけるシンプルなフレームワークです。

そこで、2つのマインドセットの特徴を図41に整理してみました。こういった2項対立の題材についても、「1枚」フレームワークならカンタンに同じ枠組みでトレースすることができます。

まず、「硬直」「しなやか」という翻訳よりは、原書の表現から再出発して「Fixed=固定」「Growth=成長」としたほうが私は理解しやすいと感じたので、以降は**「固定・硬直マインドセット」「成長・しなやかマインドセット」**という表記で書いていきます。

「固定・硬直マインドセット」の本質をヒトコトでまとめれば、**「現状維持」**です。「努力しても意味がない」「時間のムダ」と感じてしまうため、向上心からではなく現状維持を目的とした振る舞いがデフォルトとなります。

一方、「成長・しなやかマインドセット」であれば、たとえば前回紹介した『超一流になるのは才能か努力か？』を嬉々《きき》として読み、積極的に取り入れようとするはずです。

ただし、前述の通りすべての分野・テーマについて「成長・しなやかマインドセット」で取り組もうなどと極端に考える必要はありません。この章で繰り返し強調している通り、私たちのエネルギー・リソースは限られているからです。

何から何まで「固定・硬直マインドセットはＮＧ」といった読み解きをしている限り、本書を「読んだ後」に活用することはできません。逆に苦しくなってくるだけなので、この点はくれぐれも誤解しないでください。

「無尽蔵には頑張れない」という前提で捉えたときにむしろ重要になってくるのは、「成長か、固定か」の判断よりも、**問題視すべき「固定・硬直マインドセット」とそうでない**

ものの区別をどうつけていくかです。『マインドセット』はビル・ゲイツが推薦するくらい有名な本ですが、この観点を解説しているガイドはありあまりありません。必読書としてすでに読んだことがあるという人も、ぜひ参考にしていってください。

たとえば、私は子供の頃から野球が好きなのですが、だからといって今から「やればできる！」と信じてプロ野球選手を目指したいとは思いません。

今更そんな可能性は信じられないので、野球に関して私は「固定・硬直マインドセット」ということになってしまいます。ですが、だからといって別に困っていることは何もありません。誰かに迷惑をかけているといったこともなければ、プロ野球選手が羨ましい・妬《ねた》ましいといった感情も一切湧いてこない状態です。

ちなみに、第1章でガイドした『学問のすゝめ』では、こういった妬みのことを**「怨《えん》望《ぼう》」**と表記し、『マインドセット』における「固定・硬直マインドセット」と同じような話が書かれています。100年以上出版年は離れていますが、この2冊を合わせて読むと、人間の本質への認識がより深まるはずです。

ともかく、野球に関しては「怨望」のような感情がありませんので、この「固定・硬直マインドセット」に関しては問題ない。そう判断したいのです。

一方、仕事に関して「固定・硬直マインドセット」になってしまった場合はどうでしょうか。「これ以上は売上が伸ばせない、利益も増やせない」「こんな面倒なことをやってまで働きたくない」「管理職はやりたくないので、もう成長はしません」等々。こんな調子で仕事をしていてはまずそうだということは、すぐにわかるはずです。では、問題視する必要のない「固定・硬直マインドセット」と、深刻な「固定・硬直マインドセット」の境界線は、いったいどこにあるのか。

私なりの読み解きは、**「誰かに迷惑がかかるか？」**です。

通常、この本のガイドとしては「成長・しなやかマインドセット」と「固定・硬直マインドセット」の違いについてまとめているケースがほとんどで、本書でも図41の「1枚」にまとめて共有しました。

ですが、私自身が最大の学びだと感じている点は、「固定・硬直マインドセット」との向き合い方です。何もかも「成長・しなやかマインドセット」で捉えられるわけではない以上、問題視すべき「固定・硬直マインドセット」とそうでないものをどうやって見極めていけばよいのか。

私の一番の問題意識はこの点にあり、その基準として読み取った本質が、**「現状維持の結果として周囲を妬み、人や組織・社会に迷惑をかけないかどうか？」**なのです。では、どうすれば怨望にとらわれないで済むのかと言えば、自身を高め、成長し続けること。すなわち、「成長・しなやかマインドセット」です。

なぜ「成長・しなやかマインドセット」が重要なのかといえば、貴重なエネルギーを嫉妬で浪費することがなくなるから。

この章のテーマは「成長」ですが、基本的に誰もが「自分のため」に成長しているはずです。それはもちろんその通りなのですが、『マインドセット』を読むと、実は成長し続けなければならない理由として**「他者に迷惑をかけないため」「人を傷つけないため」**といった「自己完結を超えた視点」を得ることができる。このような観点が学べる本として、『マインドセット』をガイドしてみたいのです。

特に組織人として、仕事での成長を怠り「固定・硬直マインドセット」に陥ってしまうと、どうなってしまうのか。

現状維持で構わないと思っていても、人はその範囲内で何とかして優越感を得ようとするものです。そこで、他者を引きずり下ろすことで自分の優位を維持しようとしてしまう。周りに成長されてもらっては困るため、何かと理由をつけて相手を批判し、蹴落とし、それで何とか自身の立場が脅かされないようにしていく。

こんなことに貴重な時間やエネルギーを注いでいたら、ますます成長のほうにリソースを投入できなくなり、さらに「固定・硬直マインドセット」が強化されていってしまう……。こういった負のスパイラルに陥ってしまったら最後、こんな人とは誰も関わりたくありませんので、最終的にはほとんどの人が離れていき、人間関係を破壊し尽くしてしまうのではないでしょうか。

第1章で『愛するということ』をガイドした際にも紹介した通り、人生の根本的なテーマの1つが「孤立の克服」です。「固定・硬直マインドセット」をこじらせた末路が孤独なのだとしたら、**私たちは「孤立の克服」のためにこそ、成長し続けなければならない**のではないでしょうか。

日々成長し、自身を高めていけば、相手の足を引っ張る必要はなくなります。

周囲を否定することで自身の立場を維持するのではなく、周囲のために貢献することで自身の立場を高めていくことができるはずです。

さらに成長し、世のため人のために役立てる能力を向上できれば、もっと周囲からも感謝されるようになり……。こういった正のスパイラルを回し続けていくことこそが成長の本質であり、これは同時に人間関係やコミュニケーションの本質でもある。単に自身のキャリアアップや自己実現のために成長するのではなく、周囲と良好な人間関係を築いていくために成長していく。

「固定・硬直マインドセット」にとらわれ、他者を蹴落として孤独に陥ってしまうような事態に陥らないためにも、私たちは**「自分を超えた他者のため」**に成長し続けていかなければならないのです。

以上、このような人間関係の観点から、「なぜ成長が必要なのか？」について捉える機会は、これまでにほとんどなかったはずです。ぜひ『マインドセット』を読みながら、こういった成長観への認識を深めていってください。

18

「とりあえずやる」ことで自己欺瞞を乗り越える

読む前

「人間関係を良好にしていけるスキルを身につけたい」

「スキルレベルの成長はできているが、何か足りない気がする」

「もっと人間力といえるようなものを高めていきたい」

読んだ後

「人間関係がこじれてしまう根本原因がわかりました！」

「自らを客観視し、冷静に対処できる力が身につきそうです！」

「自己欺瞞《じこぎまん》に陥らないよう、言動を変えていきます！」

この本で学び取れる力

▼自己欺瞞を自覚できる力
▼躊躇《ちゅうちょ》せず動ける力

『自分の小さな「箱」から脱出する方法
――人間関係のパターンを変えれば、うまくいく！』
アービンジャー・インスティチュート著
金森重樹監修
冨永星訳
大和書房

前回選書した『マインドセット』に関して、**「成長と人間関係が実は密接につながっているという本質が学べる本」**としてガイドを行ないました。

この延長線上でもう1冊、今回は**「固定・硬直マインドセットをどうやって乗り越え、人間としての器を広げていけるか？」**といった意味での「成長」本を紹介します。図42の「1枚」まとめも参照しながら読み進めていってください。

『自分の小さな「箱」から脱出する方法』は特定の著者による本ではなく、さまざまな分野の専門家が集まって見出した知見が公開された著作です。この本で学べる内容については、マイクロソフトやグーグルなども研修に取り入れていて、世界で150万部以上、日本でも25万部を超えるベストセラーになっています。

いきなりですが、この本の最大のキーワードは**「自己欺瞞」**です。

『自分の小さな「箱」から脱出する方法』では**「自己欺瞞＝小さな箱」**というイメージに置き換えながら説明されているのですが、自己欺瞞とは要するに、前回ガイドした「固定・

図42『自分の小さな「箱」から脱出する方法』を紙1枚にまとめたもの

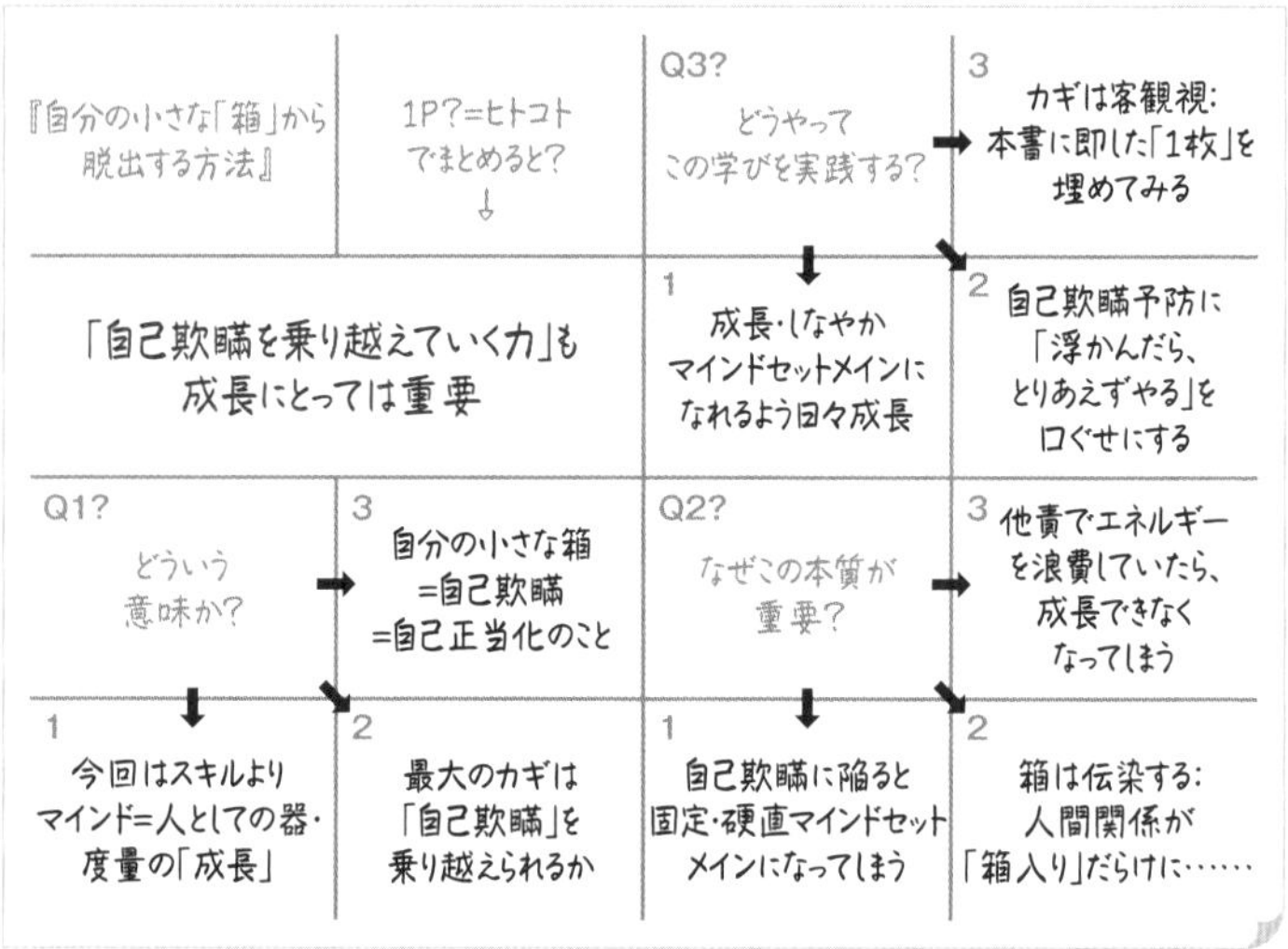
『自分の小さな「箱」から脱出する方法』
1P?=ヒトコトでまとめると?
Q3? どうやってこの学びを実践する?
3 カギは客観視：本書に即した「1枚」を埋めてみる
「自己欺瞞を乗り越えていく力」も成長にとっては重要
1 成長・しなやかマインドセットメインになれるよう日々成長
2 自己欺瞞予防に「浮かんだら、とりあえずやる」を口ぐせにする
Q1? どういう意味か?
3 自分の小さな箱=自己欺瞞=自己正当化のこと
Q2? なぜこの本質が重要?
3 他責でエネルギーを浪費していたら、成長できなくなってしまう
1 今回はスキルよりマインド=人としての器・度量の「成長」
2 最大のカギは「自己欺瞞」を乗り越えられるか
1 自己欺瞞に陥ると固定・硬直マインドセットメインになってしまう
2 箱は伝染する：人間関係が「箱入り」だらけに……

硬直マインドセット」と同じようなものだと捉えてくれて大丈夫です。したがって、なぜ「自分の小さな箱＝自己欺瞞＝固定・硬直マインドセット」から脱出しなければならないかについては、『マインドセット』と重複する部分も多々あります。

ただ、この本ならではの捉え方も数多くあって、一例を挙げれば、自己欺瞞に陥っているとき、人は他者をモノのように扱ってしまうという指摘です。『マインドセット』をガイドした際は「人に迷惑をかける」といった書き方をしましたが、「人をモノ扱いする」という本書の記載を踏まえれば、「相手の感情への配慮がない」「ねぎらいができない」「傷つくようなことを平気で言ってしまう」といったカタチで具体化できます。

あるいは、なぜ自己欺瞞に陥ってしまうのかというと、最初の段階で**「自分で自分の本音や感情を裏切ってしまうから」**といったことが書かれています。

たとえば、「本当は今日も1枚書いたほうがよいんだけどな、でもめんどくさいから書くのやめようかな」と言って、実際に書くことをサボったとしましょう。

たかが1回、されど1回です。当初は「些細なことだから問題ない」と感じてしまうのですが、すぐにリスタートやリカバリーができないと、しだいに人は再開できない自分を正当化する方向で考え出してしまいます。

「自分は悪くない、悪いのは手法のほうだ」「もっと違うやり方があるに違いない」「こんな方法、使えるわけがない」等々。こういった自己欺瞞モードのことを「箱に入ってしまう」と言っているのです。

もう1つ重要な本質を共有すると、**「箱は伝染する」**。

これは恐ろしい負のスパイラルで、ひとたび自分が箱に閉じこもって自己正当化=他責モードになると、周囲の人たちも自らの心身を守るために「箱」に入ってしまうというのです。

ということは、もしあなたの周りに他責志向の人間がたくさん現れたら、それはそもそも自分自身が箱に閉じこもっているからなのではないかといった可能性について考える必要がでてきます。

と同時に、**自分が箱から出ることによって、周囲の人たちも箱に入る必要がなくなる**といった捉え方も可能になってきます。そこで、本書のタイトルである『自分の小さな「箱」から脱出する方法』が重要になってくるわけです。

では、実際にどうやって脱出するのか。

本書を「読んだ後」、自分なりに「ジブンゴト化」して実践していることは次の3つです。

1つ目は、他者を批判することがないよう、**「自らを成長させ続ける」**こと。前回の『マインドセット』でガイドした通り、「成長・しなやかマインドセット」がベースになっていれば、他者を批判して自身の優位性や正しさを証明する必要がなくなります。だからこそ、本書も「成長」の章の1冊として選書しました。

どうやって成長するかについての本質は、『超一流になるのは才能か努力か?』でガイドした通りです。一流か超一流かの以前に、まずは箱に入らずに人と関われるようになるために成長する。まさに「いっぱしの大人・社会人として生きていきたいなら、まずはこの本読んどけ」レベルの良書です。ぜひ組み合わせて認識を深めていってください。

2つ目は、**「基本的に、思ったことはやる」**です。

前述の通り、自己欺瞞は「自分がやりたい、やるべきだと思ったことをやらずに自身の本音を抑圧してしまうこと」から始まっていきます。

だからこそ、思ったことや感じたことについて、できるだけブレーキをかけずに実際にやってしまうことが重要になってくるわけです。

たとえば、コンビニで何かを買って、おつりをもらった場面を想像してみてください。その際、「このあいだ大きな災害があったし、このおつりは募金しよう」と思ったとしましょう。

ところが、人は誰しも「でも、募金が適切に使われていないっていうニュースを見たことがあったな」「物価も上がってるし、そんなことやってる余裕はないんじゃないか」「なんか偽善者っぽい気がしてきたかも」等々、いざ行動に移そうとすると、さまざまな想いが湧き起こってきてしまうものです。あなたにも心当たりがあるのではないでしょうか。

こういった場面に遭遇したとき、私は**「浮かんだら、とりあえずやる」**というセリフが自動的に浮かんでくるようになっています。理由は、『自分の小さな「箱」から脱出する方法』を読んで以来、「心に浮かんでしまったからには基本的にやるんだ」という姿勢を習慣化するために、「浮かんだら、とりあえずやる」というセリフをブツブツと心の中で唱えて習慣化していたから。このように、**良書から得られた抽象度の高い本質を「ジブンゴト化」する手法の1つとして、「1枚」埋めるだけでなく「口ぐせ」も有効**です。

以上の通り、私は「浮かんだことに蓋をしない」コンディショニングをしておくことによって、さまざまな雑念に翻弄《ほんろう》されつつも、それでも何とか実際に当初浮かんだ通りに募金することを優先できるようにしています。

もちろん、何から何まで「浮かんだら、とりあえずやる」を実践しているわけではありません。当然、理性も働かせて判断していく話ではあるのですが、私たちは自分が思っている以上に、何でもかんでもブレーキをかけてやらない判断をしてしまいがちです。

「電車で席をゆずる」「困っている人に声をかける」「階段で荷物をもってあげる」等々。

理屈で考えてもやったほうがよいに決まっていることについても、あれこれ理由をつけてやらないほうを選択してしまうのです。

こういった自己欺瞞ぐせを少しでもマシにしていくうえで、先ほどあげた「浮かんだら、とりあえずやる」が有効な口ぐせになってきます。

ぜひブツブツ言いながらなじませていってください。

自分の小さな箱から脱出する方法、最後の3つ目は**「自分の中で批判的な言動が増えてきたら、1枚埋めてみる」**です。

この本の白眉《はくび》は、**箱というイメージを使うことで、自身の人間関係を客観視しやすくしている点にある**と、私は考えています。

とはいえ、客観視するという目的を達成できるなら、「1枚」埋めることもまた、本書の実践として有効なアクションになるはずです。

たとえば、図43のような「1枚」を作成してみてください。

ちょっと人には見せらないような「1枚」ですが、間違いなく有効です。

図43 最近、許せない人を紙1枚に埋めてみる

最近、許せない人	何が許せない？	自分はどんな箱に入っている？	箱を自覚すると、捉え方はどう変わる？
Aさん	指示待ち、自分で考えようとしない	自分だって会社の言いなりじゃないか	会社の意向より自分の見解を示す
Bさん	何回言っても言動を改めない	自分だって有言実行できてないじゃないか	率先垂範で背中を見せる
Cさん	○○○	○○○	○○○
Dさん	○○○	○○○	○○○
○○○	○○○	○○○	○○○
○○○	○○○	○○○	○○○
○○○	○○○	○○○	○○○

まずは左半分に、「批判したくなってしまう人とその内容」を赤裸々に書いてみましょう。もちろん、第三者に見せる必要はありません。

その後、3列目のところに**「どんな箱に入っているから、こんな批判が浮かんでくるのか？」**という問いをたて、ひとしきり考えてみてほしいのです。

あまり明確な言葉がでてこなくても構いません。

「自分は箱に入っているのではないか？」という問いさえ立てられれば、「読んだ後」の実践としてはもう十分だと捉えてください。

本来は、自己欺瞞に陥っている自分を自

覚すること自体が極めて困難だからです。ところが、「1枚」を埋めていけばこのハードルをクリアできてしまう。

「人間関係を客観視する→箱を自覚する→相手に心を配れるようになる」という「自分の小さな『箱』から脱出する方法」について、たった「1枚」作成するだけで実践できるわけです。ぜひ本を読みながら実際に役立てていってください。

以上、今回は**「自身の器を自覚し、広げ、大きくしていく」**といった意味合いでの「成長」に資するベストセラーをガイドしてみました。

マインドレベル＝度量の成長も、特に年を重ねてからは重要な要素になってきます。スキルレベルの成長ばかりになってしまっている人ほど、今回の読書体験をよい転機にしてください。

19

成長の大半はうまくいかない日々の積み重ねである

読む前

「成長が大事と言われても、コツコツ頑張るのは面倒だな」

「できればサクッと成長して成功したい」

「成功者たちは、自分が知らないヒミツをもっているに違いない」

読んだ後

「『1日24時間仕事に集中する』の本質がわかりました！」

「失敗しても継続できる秘密は、客観視する力にあるんですね」

「『できない』を積み重ねている自分でも、希望が持てました！」

この本で学び取れる力
▼継続力 ▼失敗しても諦めない力

『一勝九敗』
柳井正著
新潮社

「成長」の本質について学び取れる必読書、最後はユニクロの創業者・柳井正さんの**『一勝九敗』**を選びました。本来は経営書に分類される本ですが、私自身は「成長」という観点での重要な学びを得ることができました。

マネジメント層ではない読者であっても、個人の仕事やキャリア・人生に活かすつもりで能動的に「ジブンゴト化」しながら読めば、多くの学びが得られる1冊です。ぜひ図44の「1枚」まとめを参照しつつ、以降を読み進めていってください。

さっそくですが、あとがきの柳井さんの言葉を引用します。

当社は今まで、失敗を繰り返しながら成長してきた。考えて実行して、失敗したら引き返し、また挑戦する。失敗を失敗と認めるのは、自分の行動結果を客観的に分析・評価することができないと難しい。失敗を失敗と認めずにいると、だらだら続けて傷口が広がってしまう。無駄なことだ。

世間一般には、ぼくは成功者と見られているようだが、自分では違うと思っている。

図44『一勝九敗』を紙1枚にまとめたもの

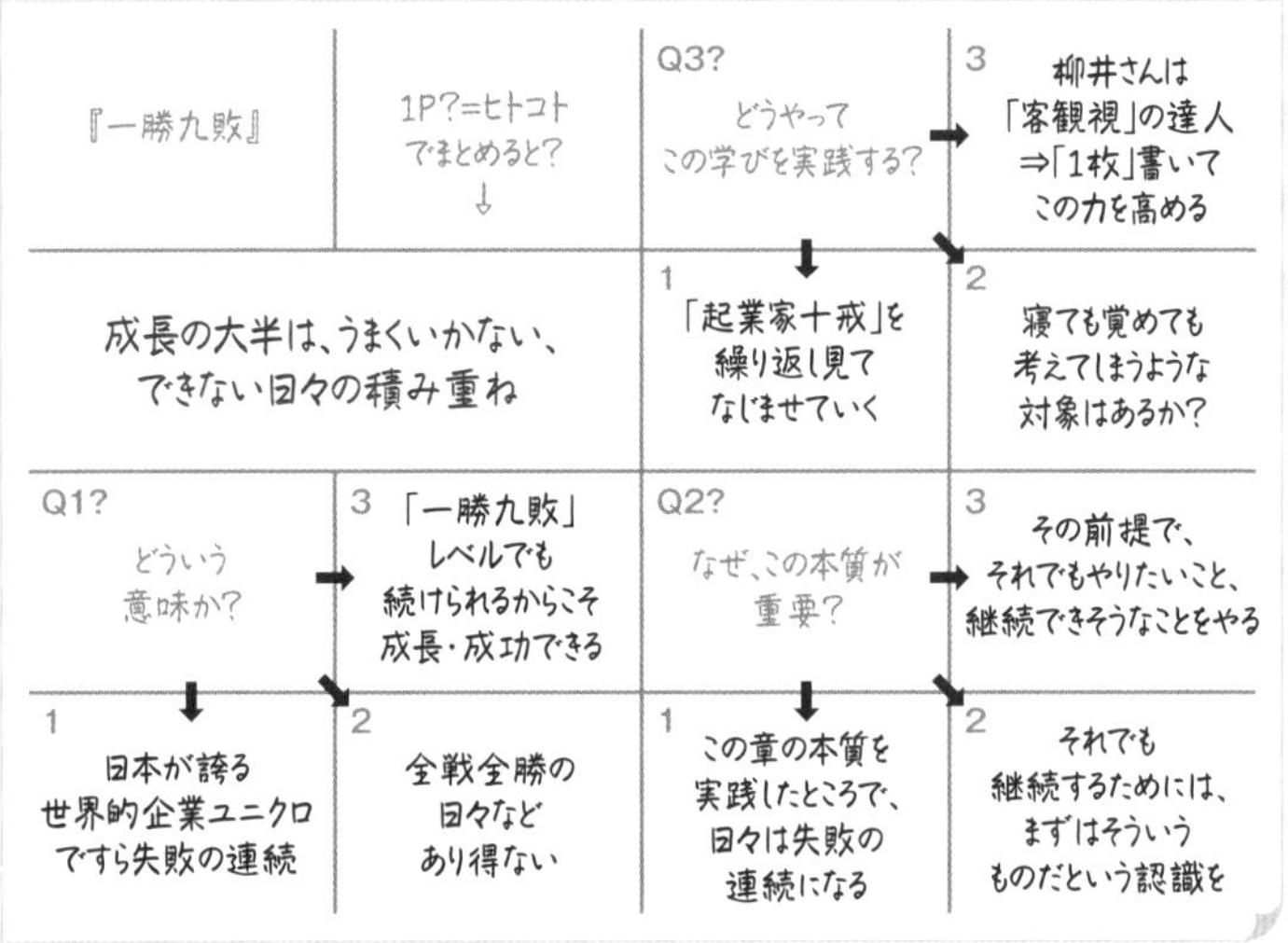

『一勝九敗』
1P？＝ヒトコトでまとめると？
↓
Q3？
どうやってこの学びを実践する？
3
柳井さんは「客観視」の達人⇒「1枚」書いてこの力を高める
成長の大半は、うまくいかない、できない日々の積み重ね
1
「起業家十戒」を繰り返し見てなじませていく
2
寝ても覚めても考えてしまうような対象はあるか？
Q1？
どういう意味か？
3
「一勝九敗」レベルでも続けられるからこそ成長・成功できる
Q2？
なぜ、この本質が重要？
3
その前提で、それでもやりたいこと、継続できそうなことをやる
1
日本が誇る世界的企業ユニクロですら失敗の連続
2
全戦全勝の日々などあり得ない
1
この章の本質を実践したところで、日々は失敗の連続になる
2
それでも継続するためには、まずはそういうものだという認識を

（中略）実は『一勝九敗』の人生なのだ。勝率でいうと一割しかない。

読んでみていかがでしょうか。

「成長」という観点で最後に共有したい本質は、**「成長すべく日々何かに取り組む＝大半はできない／結果がでないことに直面する日々になる」**という点です。

「できる」までには膨大な数の「できない」を積み重ねていく必要があるので、失敗を失敗と認め（自己欺瞞＝自己正当化に陥らない）、客観的に分析・評価し（セルフフィードバック）、また挑戦を続けていく必要があるわけです。

とはいえ、うまくいかない日々が大半というのはしんどいものです。柳井さんはなぜ、「一勝九敗」レベルでも継続できるのでしょうか。もう1つ、本から響いた場所を引用してみます。

ぼくは、わがままで欠点の多い人間だとは思うが、「自分自身を客観的に分析・評価できる」という長所を持っている。

以前、当社の役員と部長全員で360度評価というものをやってみた。自分自身の能力について、自己評価したものと周囲の人たちに評価してもらったものを比較する。ぼくの結果は、両者が「ほとんど同じ」だった。ぼく以外の人たちは、自己評価と他者評価がそうとう乖離《かいり》していた。ぼくは自信過剰になることもないかわりに、卑下することもない性格のようだ。ぼくが従来の経営者タイプと違うように見られるとすれば、この点が大きいかもしれない。

別に自慢したくて述べたわけではない。この「自分自身を客観的に分析・評価できる」ことは本来、経営者に必要な資質なのではないか、と思うからだ。

「自分自身を客観的に分析・評価できる」能力に長けているからこそ、淡々と必要な日々を積み重ねていける。

柳井さんはこの能力を「経営者に必要な資質」と言っていますが、これが才能ではなく努力で獲得可能だとするのが、『超一流になるのは才能か努力か』や『マインドセット』で得た学びでした。実際、柳井さん自身も**『経営者になるための ノート』**(PHP研究所)という育成本を出していますし、私自身も、自分が書いた「1枚」を眺める習慣によって「客観視」能力は開発可能だと考えています。

この10年、事業を継続・拡大できていますが、コロナ禍といった予想外の事態に直面するたびに、自分自身や置かれた状況を客観視し、必要な対応や成長を積み上げてきました。

仕事人として、経営者として、何を大切に成長していけばよいのか迷ったときに、私は『一勝九敗』に掲載されている**「起業家十戒」**と**「経営者十戒」**を何度も読み返しています。

「起業家十戒」を引用しておきますので、自身が事業を営んでいるかどうかを問わず、まずは一通り熟読してみてください。

---

1. ハードワーク、一日二十四時間仕事に集中する。

---

2. 唯一《ゆいいつ》絶対の評価者は、市場と顧客である。
3. 長期ビジョン、計画、夢、理想を失わない。
4. 現実を知る。その上で理想と目標を失わない。
5. 自分の未来は、自分で切り開く。他人ではなく、自分で自分の運命をコントロールする。
6. 時代や社会の変化に積極的に対応する。
7. 日常業務を最重視する。
8. 自分の商売に、誰よりも高い目標と基準を持つ。
9. 社員とのパートナーシップとチームワーク精神を持つ。
10. つぶれない会社にする。一勝九敗でよいが、再起不能の失敗をしない。キャッシュが尽きればすべてが終わり。

いきなり**「24時間仕事に集中！」**などと書かれているので、引いてしまう人も多いかもしれません。確かに、本章で強調してきた「エナジーマネジメント」の観点からもバッティングするように見えます。

私自身はこの部分について、**「寝ても覚めても考えずにはいられないような対象でなければ、生業《なりわい》・事業テーマとして選んではならない」**と解釈していて、実際に周りの起業家を見ていても、この部分をクリアできていないがために行き詰まっている人たちがたくさんいました。

それに、これは『一勝九敗』にある言葉ではなく自分なりに事業を営みながら見出している本質なのですが、私は「商いとは、飽きないである」だと考えています。だからこそ、**「24時間、寝ても覚めても考えてしまうこと＝飽きないこと」**が大成する仕事選びの本質だと、ここは読み解いてみたいのです。

これはサラリーマンであっても同じことで、たとえばなぜジョブ・ローテーションなる仕組みが存在するのかといえば、今回の文脈で考えれば「飽きるから」。

もし、この部分を読んでいて「うーん、確かに今の仕事に飽きてるかも」という自分を客観視したのであれば、ぜひそのことと真剣に向き合ってみてください。「飽きる＝商い・仕事が成立しない」である以上、どうすれば能動性や主体性を保ち続けられるかは、ビジネスの持続可能性における死活問題です。

加えて、他の項目についても、「成長」を冠した本章においてそのままトレースできるようなものばかりとなっています。たとえば、3・4・8などに掲げられた「理想や目標の重要性」は、『超一流になるのは才能か努力か?』で学び取れる「目的を明確にした意図的な練習」と重なりますし、5の「自分でコントロール」は『マインドセット』にある「成長・しなやかマインドセット」そのものです。

10の文章も、**「つぶれない自分にする。一勝九敗でよいが、再起不能の失敗をしない。気力や体力が尽きればすべてが終わり」**と読み替えれば、あたかも本章での学びが凝縮されたかのような要約になります。

ぜひ、「サラリーマンの自分には関係ない」とは捉えず、この機会にじっくり味わってみてください。

とはいえ、どうしても経営者目線だとピンとこないのであれば……。もう1冊、関連書籍として次の本も挙げておきます。

変化球の選書ですが、**『采配』**(落合博満著、ダイヤモンド社)という本です。

この本の17番目の項目で、〝「勝利の方程式」よりも「勝負の方程式」〟という話が出てきます（**『勝負の方程式』**〈小学館〉という本もあるのですが、現在は入手困難）。

スポーツの世界ではよく、「こうすれば勝てる」という勝ちパターンのことを「勝利の方程式」と言ったりします。テレビやラジオのスポーツ中継で見聞きしたことがあるという人もたくさんいるのではないでしょうか。

ですが、元・中日ドラゴンズ監督の落合博満さんは、「勝利の方程式なんてない」と喝破します。勝負の世界には「こうすれば絶対に勝てる」という「勝利の方程式」なんてものは存在せず、あるのはせいぜい「この方法で負けたら仕方がない」と言えるような「勝負の方程式」にすぎない。

私が名古屋出身で、遺伝子レベルで中日ドラゴンズファンだからこの本をオススメしているわけではありません。野球ファンかどうかに限らず、すべての人がじっくり味わうべき本質だと考えているからこそ、この言葉を紹介しています。

勝利か勝負か。

たった一字の違いですが、「勝負の方程式」のほうにあるのは、「負けることもある、どこまで頑張っても結果は約束されていない」という現実的な前提です。

とはいえ、少なくともこれなら「勝負はできる」「勝てるかどうかはわからないが、こ

図45 勝負の方程式を紙1枚に埋めてみる

あなたの「勝負の方程式」は何がある？	○○○	○○○	○○○
伝える前に「1枚」にまとめてから伝える	○○○	○○○	○○○
登壇時の映像や音声を自ら視聴し改善していく	○○○	○○○	○○○
軟酥(なんそ)の法で集中力を高めてから創作活動に入る	○○○	○○○	○○○

れで負けても悔いなし」と思えるところまで自らを高め、成長し、確固たる心的イメージを構築していく。

これを、日々の積み重ねの意味・意図・ゴールにしておきたいのです。

仕事やキャリア・人生において、あなたなりの「勝ちパターン」、ではなく、勝つか負けるか、結果がでるかはわからないが、少なくとも「これでうまくいかないならもう仕方がない」と思えるような「勝負の方程式」はどの程度あるでしょうか。

ぜひ図45のような「1枚」を書いて、「読んだ後」の思索を深め「ジブンゴト化」していってください。

以上、「ショートカットしたい」「ファストに、サクッと済ませたい」「失敗するのは嫌だ」「もう全部ＡＩに任せてしまえばよいじゃないか」というような時代だからこそ、何かをコツコツ積み上げて成長することの本質について、改めて学んでみる必要があるのではないか。

このような問題意識から、今回のブックガイドを積み上げてきました。

まずはどれか１冊だけでも構いません。

お互い、毎日を有意義な「Ｄａｙ１」にして、高みを目指していきましょう。

第3章

思い通りのキャリア・人生を歩み、なりたい自分になる

20 人生において、「拡げる時期」と「絞る時期」をつかいわける

『論語』
金谷治訳注
岩波書店

読む前

「何を大切にしてキャリアや人生を考えればよいのかわからない」

「不惑の40歳などと言われてもピンとこない」

「50歳で天命と言われても、自分の天命が何かわからない」

読んだ後

「自分の置かれている状況から、どっちの道に進むか判断できそう！」

「この人生のロードマップに沿って、自分の人生を生きてみたいです！」

「70歳までのビジョンが明確に持てました！」

この本で学び取れる力

▼思い通りのキャリアや人生を設計する力

ここまで、多くの人が悩みを抱いている「コミュニケーションや人間関係」に役立つ本と、「自身を成長させていく」ために必要な本をガイドしてきました。

最後の章は、序章・1章・2章で紹介してきたベストセラーや古典的名著＆そこから学び取れる本質を「読んだ後」に駆使することで、**どうやって思い通りのキャリアや人生を歩んでいくか。**

この問いに応えてくれる名著やベストセラーを扱っていきます。

1冊目にしてそのハイライトにあたる本が、**『論語』**です。

私は20代の頃、『論語』を通じて自身のキャリアや人生を舵《かじ》取りしていくための最大級の本質を学び取ることができました。具体的には、次の一節です（ルビは追記）。

子《し》の曰《い》わく、吾《わ》れ十有五《じゅうゆうご》にして学《がく》に志《こころざ》す。三十にして立つ。四十にして惑《まど》わず。五十にして天命を知る。六十にして耳順《みみした》がう。七十にして心の欲する所に従って、矩《のり》を踰《こ》えず。

先生がいわれた、「わたしは十五歳で学問に志し、三十になって独立した立場を持ち、

四十になってあれこれと迷わず、五十になって天命をわきまえ、六十になって人のことばがすなおに聞かれ、七十になると思うままにふるまってそれで道をはずれないようになった。

引用文の後半にある現代語訳の通りです。

学生時代はしっかり学び、30歳までには自主自立を果たす。その後、40歳までに迷いなき道を定め、50歳で「これが天命」と思えるまで突きつめる。

すると、60歳になる頃には人の話を素直に聞けるようになり、70歳を過ぎれば、好き勝手にやっていても道理を踏まえた生き方ができるようになる。

以上、まずはオーソドックスな説明を一通りしてみましたが……。正直に言えば、学生時代にこの言葉に触れたときはピンときませんでした。

「30歳：而立《じりつ》＝自立」まではよいとして、その後の30年間ずっと**「40歳：不惑《ふわく》＝惑《まど》わず」**を貫き、**「50歳：知命《ちめい》＝貫いた道が天命だと知れる」**まで1つのことを追究し続ける点については、はたして妥当なのでしょうか。

私は素直に、「読んだ後」に窮屈だと感じました。

これほど多様な選択肢があり、さまざまなキャリアや生き方が可能な時代に、あるいは不確実性が高すぎて何がどうなるかまったくわからない現代において、30年間1つの道にしがみつくことが適切なキャリア・人生戦略になるとは到底思えません。

しかも、30年間コツコツと頑張った先に待っているのが**「60歳：耳順《じじゅん》＝人の話を従順・素直に聞けるようになる」「70歳：従心＝心のままに好き勝手やっていても道理は踏み外さない」**などと書かれてしまっている……。

こういったことはむしろ人生前半でこそ重要な話です。第1章で『学問のすゝめ』をとりあげた際に解説した通り、人の話をしっかり聴いて（≒耳順）、毛嫌いせずに世のため人のために貢献すること（≒従心）こそが、一身独立（≒而立）に繋がる学問の本質なのではないでしょうか。

以上、まずはここまで、学生時代に『論語』を「読んだ後」の私は、この部分がどうにもピンとこなったという体験を共有しました。このような読後感では、学びを活かせるはずがありません。実際、「こんな話は時代錯誤だ」という感覚のまま社会人になってしまったのですが、2010年になって転機が訪れます。

このときの私は20代後半。

前年からトヨタの米国支社に赴任したものの、心身の調子を崩して途中帰国する挫折を味わっていました。

その後、何とか復職はしましたが、今後のキャリアや人生をどうすればよいのか。

このまま今の会社にいても、休職という傷がついてしまった以上、再起はできても躍進や飛躍レベルのキャリアアップは難しそうな状況でした。

それなのに、『論語』はあと30年、この道を続けろと言っている……。

はたして、本当にそうなのでしょうか。

昭和の頃ならまだしも、今は他にも選択肢がいくらでもある時代です。

だったら、「而立＝自立して貫け」「不惑＝迷わずに貫け」「知命＝天命を貫け」ではなく、もっといろいろな道を模索してもよいのではないか。

そんな葛藤に終止符を打ってくれたのが、次の本でした。


『身体感覚で「論語」を読みなおす。』（安田登著、新潮社）

図46『論語』を紙1枚でまとめてみたもの

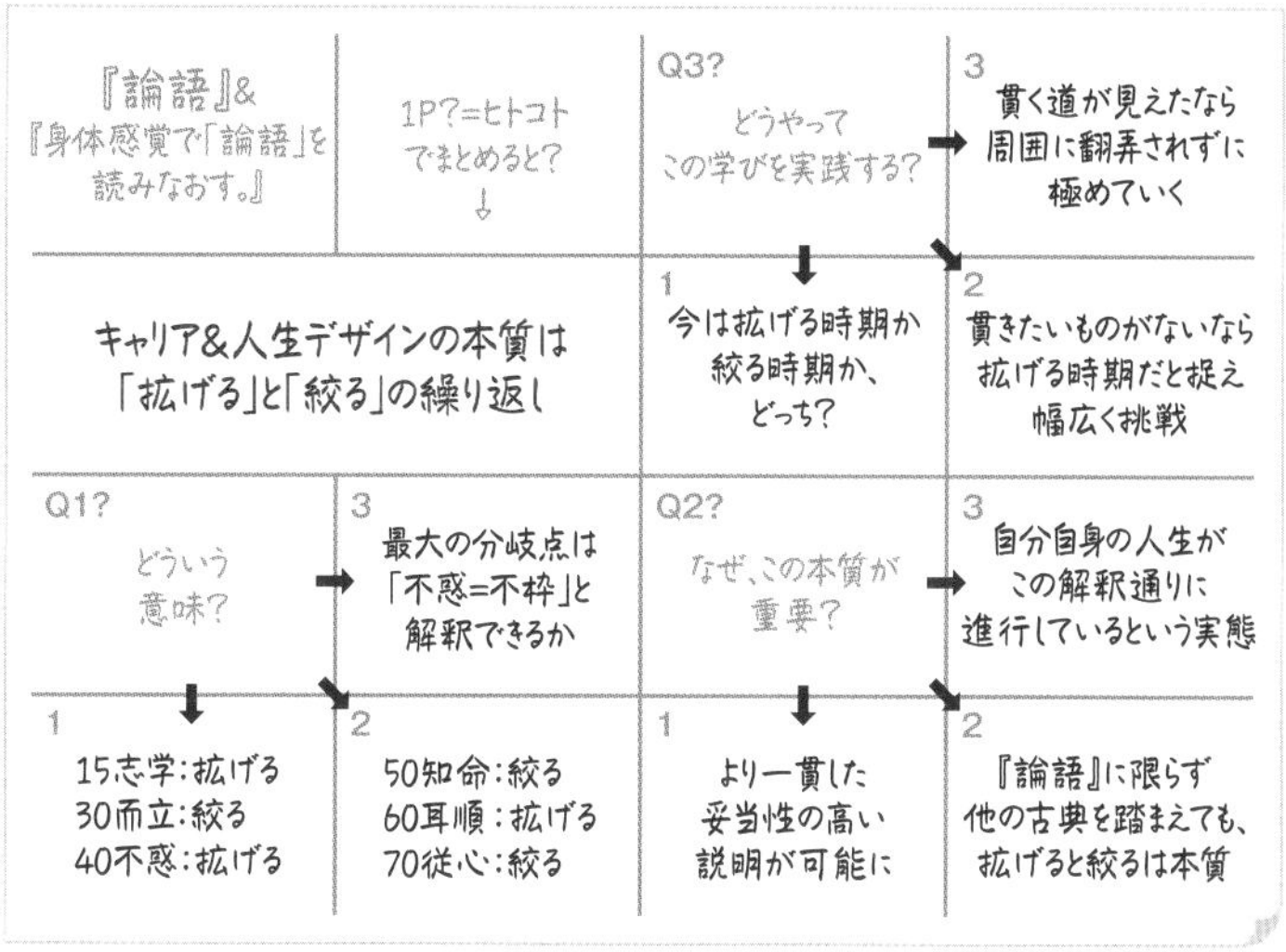

『論語』&
『身体感覚で「論語」を読みなおす。』
1P?＝ヒトコトでまとめると?
Q3?
どうやってこの学びを実践する?
3
貫く道が見えたなら周囲に翻弄されずに極めていく
キャリア&人生デザインの本質は「拡げる」と「絞る」の繰り返し
1
今は拡げる時期か絞る時期か、どっち?
2
貫きたいものがないなら拡げる時期だと捉え幅広く挑戦
Q1?
どういう意味?
3
最大の分岐点は「不惑＝不枠」と解釈できるか
Q2?
なぜ、この本質が重要?
3
自分自身の人生がこの解釈通りに進行しているという実態
1
15志学：拡げる
30而立：絞る
40不惑：拡げる
2
50知命：絞る
60耳順：拡げる
70従心：絞る
1
より一貫した妥当性の高い説明が可能に
2
『論語』に限らず他の古典を踏まえても、拡げると絞るは本質

この本から得た学びをまとめたのが、図46の「1枚」です。

「Q1?」の3つ目のポイントに書いておいた通り、「不惑」とはなんと「不枠」であると書かれていました。

つまり、**「40歳：不枠＝枠にとらわれるな」**という、従来とは真逆の解釈の可能性が啓《ひら》かれていたのです。

この学びを得たときの衝撃を、今でもよく覚えています。これまで1万冊以上の本を読んできましたが、間違いなく五指に入るような読書体験でした。

40歳になったら、これまで培ってきた枠組みにとらわれず、多様な道を模索していけばよい。むしろ、そうするからこそ、50歳で「これが天命だ」というものにも出合えるのではないか。

私自身、こう解釈したほうがはるかに腑に落ちました。

何より、この解釈で30代・40代の部分がスムーズに流れたことで、他の部分も霧が晴れたように一気に、スッキリと捉えられるようになっていったのです。

以降は『身体感覚で「論語」を読みなおす。』を「読んだ後」に、自分なりに試行錯誤したうえで構築した **「論語に学ぶキャリア・人生デザインのロードマップ」** です。「不惑」以外の部分は個人的な解釈となります。

- 15歳：志学＝いろいろなことを学び、さまざまな道を模索する　拡げる時期
- 30歳：而立＝自立を果たし、この道を貫くと決める　絞る時期
- 40歳：不惑＝従来の枠にとらわれず、新たな道を模索する　拡げる時期
- 50歳：知命＝試行錯誤を経て見出した道を貫く　絞る時期
- 60歳：耳順＝柔軟に出会いを求め、さらなる道を模索する　拡げる時期

●70歳：従心＝己の心に従って、見出した道を貫く　絞る時期

一通りこの読み解きを読んでみて、いかがでしょうか。

大切なのは、各項目の下段です。

キャリア・人生には、「拡げる時期」と「絞る時期」がある

これが、このテーマに関して私なりに見出している最大の本質です。

ちなみに、経営の世界でも「拡げる」と「絞る」の重要性は以前から説かれていて、近年ベストセラーになった関連書籍として**『両利きの経営』**（チャールズ・A・オライリー、マイケル・L・タッシュマン著、東洋経済新報社）を挙げておきます。

タイトル通り、この本では経営における「深化」と「探索」という「両利き」の重要性について学べるのですが、「深化＝絞る」「探索＝拡げる」と解釈すれば、同じような本質が主題になっていると読み取れるのではないでしょうか。

実際、このように捉えてみると、非常にシンプルな質問の積み重ねで、キャリアデザイン・人生デザインが可能になります。

●これまで自分は、「何を貫いて」きたか？
●「貫きたかったけれど、貫けないままになっていること」は何かあるか？
●これから先、「他に何か貫きたい道」はあるか？
●今の自分は、「拡げる時期」か「絞る時期」のどちらなのか？

等々。これらの問いを深めていく補助線として、図47のような「1枚」をぜひ書いてみてください。今後についての重要な気づきが得られるはずです。

参考までに、私の「拡げる」と「絞る」の軌跡を記しておきます。

学生時代はひたすら本を読み（志学）、トヨタに入ってからはさまざまな仕事をさせてもらいながら（同じく志学）、「拡げる」時期を過ごしていました。

2012年、30歳を機に文字通り独立（而立）し、トヨタで学んだ「1枚」にまとめる

図47 キャリア・人生を紙1枚で振り返る

今後のキャリア・人生	これまで貫いてきたことは？	貫きたいと思っていたことは？	これからやってみたいことは？
	○○○	○○○	○○○
	○○○	○○○	○○○
	○○○	○○○	○○○
	○○○	○○○	○○○
	○○○	○○○	○○○
	○○○	○○○	○○○
	○○○	○○○	○○○

技術を、社会人教育の世界で教えていく仕事を始めました。

『論語』の記載通りに、「絞りこみ、貫く」道のほうにシフトしたわけです。

その後、2023年までの11年間で受講者数は1万人以上。本を11冊出版し、著者累計も56万部超まで来ることができました。

一方で、「不惑の40歳」を過ぎ、そろそろ「不枠＝枠にとらわれない＝拡げる」を再び優先すべき時期に入ってきましたので……。

実は、2024年から海外に移住する決断をしました。本書を執筆し始めた頃はまだ日本でしたが、海外生活をすでに始めています。

日本で暮らすという当たり前だった「枠」を外すことで、これからどんな40代になっていくのか。

その結果、50歳になった頃にどんな天命を拝受することになるのか。

今から本当に楽しみなのですが、もしこれが「不惑＝40代になったらもう迷うな、落ち着け、絞れ、貫け」という解釈の余地しかないのだとしたら……。

そもそも移住しようという発想自体が浮かんでこなくなってしまうのではないでしょうか。『身体感覚で『論語』を読みなおす。』には本当に感謝しています。

とはいえ、くれぐれも誤解しないでほしいのは、私はどちらの論語解釈が正しいかという話をしたいのではありません。論点は、「読んだ後」に自分のキャリアや人生にとって活かしていけるかどうかの一点です。

私は今回ガイドしたような解釈で、40歳までのキャリアや人生を歩んできました。そして、今後もこの捉え方で、さらなる可能性を切り拓いていくつもりです。

一方、従来の捉え方で『論語』を活かしてきた人もたくさんいて、とにかく今問われているのは、ここまでの文章を「読んだ後」に、あなたがどう活かすかです。

いずれの解釈でいくにせよ、あるいはさらなる別の捉え方を見出していくにせよ、今回の読書体験を通じて自身のこれまでとこれからについてじっくり向き合ってみてください。

21
経済的な自由は発憤・勤倹・修養で手に入れる

読む前

「何か模索するにしろ探求するにしろ、お金がいりますよね」

「そもそも経済的な余裕がなく、身動きが取れません」

「結局まずは経済的自由からなのではないでしょうか」

読んだ後

「『身家盛衰《しんけせいすい》循環図系《じゅんかんずけい》』を基にお金の使い方を変えようと思います！」

「銀行王だけにお金の使い方にシビアだが、ぜひ参考にしたい！」

「経済的に豊かになる方法が見えてきました！」

この本で学び取れる力
▼経済的自由を手にする力

『銀行王　安田《やすだ》善次郎《ぜんじろう》——陰徳を積む』
北康利著
新潮社

まずは『論語』を通じ、キャリアや人生の設計において「今は拡げる時期なのか、それとも絞る時期なのか」について思考整理してみる。このことの重要性にフォーカスをあてて ガイドしていきました。

ところで、さまざまなことに挑戦してみるにしろ（＝拡げる）、1つのことを探求して極めていくにしろ（＝絞る）、いずれにせよある程度の余裕が必要になってきます。

このうち、時間的な余裕については、序章で学んだ時間管理の本質を実践していけば十分なのですが、**経済的な余裕に関してはどうすればよいのか**。

今回はこの観点で大きく影響を受けた本、というより人物を紹介します。

安田善次郎。富山の貧しい下級武士の生まれながら、たった一代で巨万の富を築き、渋沢栄一らと共に国立銀行の設立に尽力。このときの功績から「銀行王」と評された人物です。現在のみずほ銀行のルーツであり、東大の安田講堂は安田善次郎の寄付によって設立されたことが、その名の由来となっています。

今回選書した**『銀行王　安田善次郎』**は、伝記的な読み物ですが、安田善次郎の思想や哲学、何より困窮状態からどうやってお金持ちになったのかについての重要な本質を多数学び取ることができます。

実は、私は学生時代にお金持ち本を大量に読み漁っていた時期があり、先ほど名前を挙げた渋沢栄一の**『論語と算盤《そろばん》』**や、第1章で取り上げた『ユダヤ人大富豪の教え』シリーズも、そのときにはじめて読みました。

ただ、**「せっかく日本に生まれたのだから、ユダヤ人大富豪ではなく日本人大富豪から学びたい」**と考えるようになり、さまざまな人物に触れる中で一番印象に残ったのが安田善次郎だったのです。

私が当時学び、20代から実践していた内容はこの本からも十分に得られますので、ぜひ実際に手に取って読んでみてください。

さっそくですが、まずは1か所、本から引用してみます。

生活費や小づかいなどの支出は収入の十分の八以内に止《とど》め、残りは貯蓄する。
住宅用には身代《しんだい》の十分の一以上をあてない。

図48『銀行王　安田善次郎』を紙1枚でまとめてみたもの

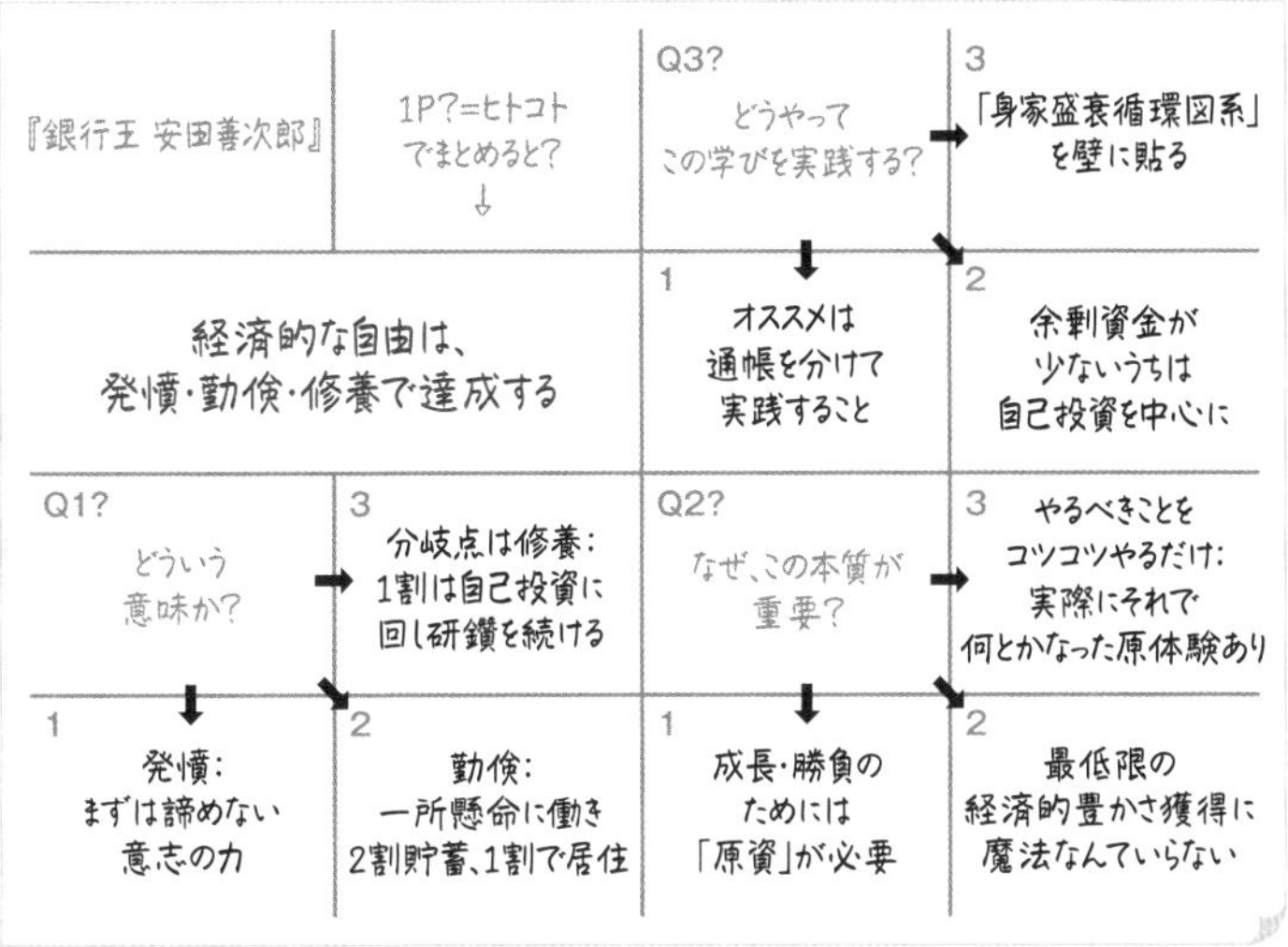
『銀行王 安田善次郎』
1P?=ヒトコト
でまとめると?
経済的な自由は、
発憤・勤倹・修養で達成する
Q3?
どうやって
この学びを実践する?
3
「身家盛衰循環図系」
を壁に貼る
1
オススメは
通帳を分けて
実践すること
2
余剰資金が
少ないうちは
自己投資を中心に
Q1?
どういう
意味か?
3
分岐点は修養:
1割は自己投資に
回し研鑽を続ける
1
発憤:
まずは諦めない
意志の力
2
勤倹:
一所懸命に働き
2割貯蓄、1割で居住
Q2?
なぜ、この本質が
重要?
3
やるべきことを
コツコツやるだけ:
実際にそれで
何とかなった原体験あり
1
成長・勝負の
ためには
「原資」が必要
2
最低限の
経済的豊かさ獲得に
魔法なんていらない

困窮していた安田善次郎は、億万長者(当時は「千両分限者」という表現だったようです)になる夢を叶えるために「三つの誓い」というものを立てました。引用したのは、この3つ目に当たる部分です。

このメッセージを分解して箇条書きし直せば、次の2つとなります。

- **給料のうちの2割は貯金する**
- **住居費は年収の1割以内にする**

実はこの2つが、安田善次郎をはじめとした大富豪の教えを基に、私が新卒の頃からずっと続けていたことです。

たとえば、年収400万円程度なら、貯

蓄は年に80万円。住居費は、年40万円程度までOKということになります。年収700万円なら140万円を貯蓄に回し、住居費は70万円くらいまで。家賃で考えると月6万円前後なので、東京でこれを達成することはなかなか厳しいハードルです。

それでも、私の友人は「貯蓄用」「投資用」というようにあらかじめ口座・通帳を複数にわけるなどして、運用上の工夫をしていました。たとえ安田善次郎の説く割合通りが難しかったとしても、自動的に毎月定額を振り分けた後、残った分で生活をするようにしていたのです。まずは数千円からでよいので、現実的な運用方法として試してみてください。

なお、私の場合は本当に運がよかっただけなのですが、会社の独身寮に住むことができたおかげで、配属部署が東京だったにもかかわらず社会人1年目からこの基準をクリアすることができていました。その後も達成し続けることで、30歳で独立した際に十分な資金を準備して勝負することができたのです。

実際、独立してから3年目までは大して稼げなかったのですが、それでも諦めずに勝負し続けられたのは、最低限の経済的自由を確保していたからです。

この1点だけでも、安田善次郎の「三つの誓い」を学んでいて本当によかったと感謝しています。

もう1つ、安田善次郎に関して紹介したい「1枚」があります。

といっても、今回は「1枚」フレームワークは使いません。

『銀行王　安田善次郎』に掲載されている珠玉の「1枚」があるので、それをそのまま引用します。

この「1枚」は、大正元年に安田善次郎が家族に示した家訓のようなもので、**人間が陥りやすい落とし穴や進むべき道についてすべて漢字二字で表記し、フローチャートのように見える化**したものです。

これは本当にすごい「1枚」なので、ぜひ熟読して理解するようにしてください。

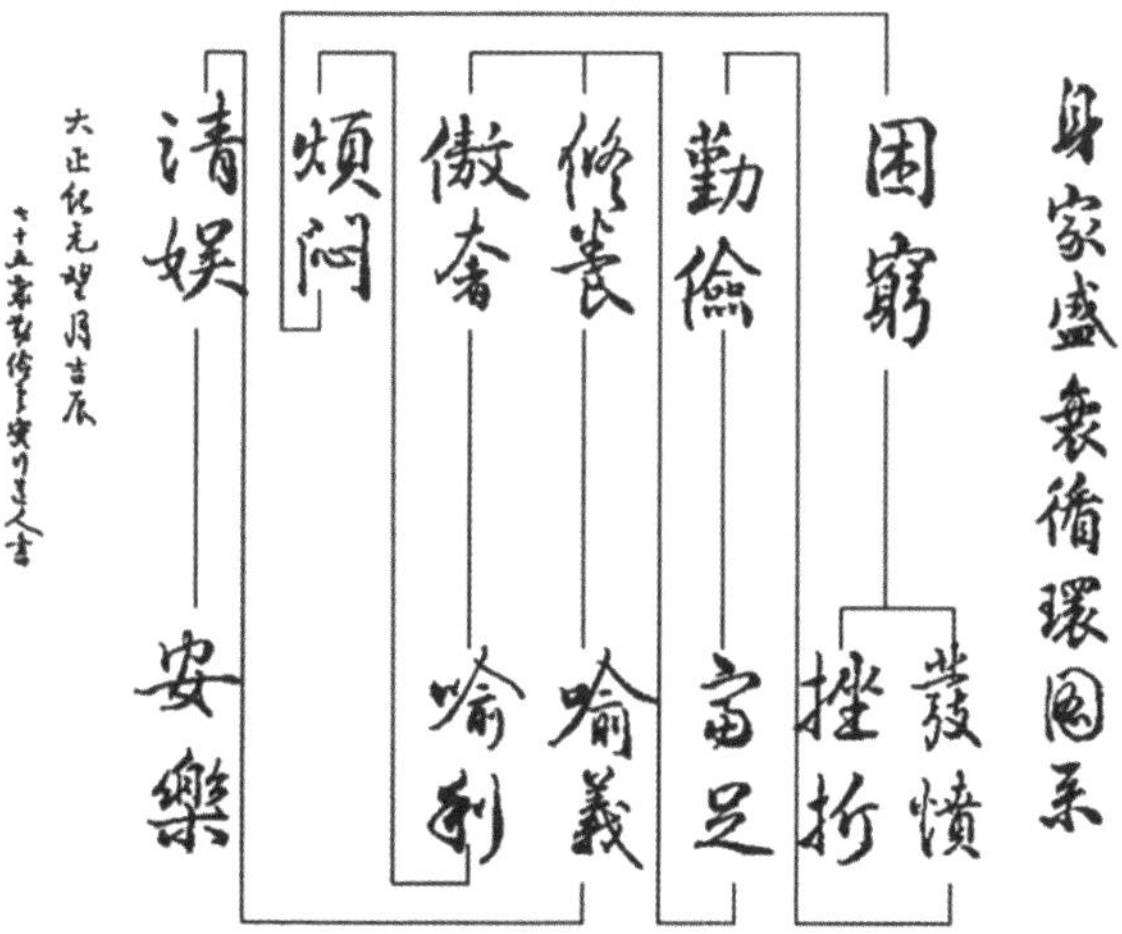

『銀行王　安田善次郎』より引用

まずは右上の**「困窮」**からスタートします。すなわち、現時点での経済状態は関係ありません。この状況で問われることは、「このまま終わってたまるか！」という**「発憤《はっぷん》」**の精神です。これが右下にある「發憤」の二字に対応しています。

ここを意志の力でクリアできれば、フローチャート通り次の**「勤倹《きんけん》」**へと進めます。一方、「親ガチャ」だ「配属ガチャ」だとガチャガチャ言っているだけの場合は、**「挫折」**して終わりです。なので、「挫折」の下には線が引かれていません。

これで、このフローチャートの読み解き方が少しわかってきたでしょうか。

さて、「勤倹」です。

先ほどの「三つの誓い」などを貫き、ガンガン働きコツコツ貯める。

すると、次の**「富足《ふそく》」**へと進めます。

「富が足りる」という字義の通り、一通り蓄えを得た段階です。キャリアや人生において「拡げる」にしろ「絞る」にしろ、どちらの時期であったとしても、大切なのは次の段階に向けた「勝負」ができる状態になっていること。

ここをまずは目指そうということが言いたくて、この本をガイドしてきました。

ただし……。ここからが、この**「1枚」身家盛衰循環図系**の真骨頂です。「富足」の段階から次に行く際、フローチャートが2つに分岐しています。1つは**「修養《しゅうよう》」**、もう1つは**「傲奢《ごうしゃ》」**。

いずれも現代の読者にはなじみのない言葉かもしれませんが、「修養」は要するに「学び続けること」だと理解してください。本書をここまで読み進めてくれているような読者さんであれば、全員「修養」ルートです。

一方、「傲奢」は「努力を怠り、豪華・贅沢・無駄遣いばかりの日々を送る」という意味です。すると、どうなるか。本から該当箇所を引用してみます。

ここで分かれ道が待っている。〝修養〟の道を選んだものは〝喩義《ゆぎ》〟（真理の追求）に進み、〝清娯《せいご》〟（教養ある趣味）を楽しみながら〝安楽〟の境地へと至る。ところが、〝富足〟の段階で〝傲奢《ごうしゃ》〟な生活を選んだものは、〝喩利《ゆり》〟（利益の追求）に走り〝煩悶《はんもん》〟し、やがては最初の〝困窮〟の状態に戻ってきてしまう。

調子に乗って「奢」れる者となり、「豪」遊三昧で堕落していると、やがては「困窮」に逆戻りしてしまう……。

だからこそ、分岐点である「修養」が極めて重要になってくるわけです。

そこで私はもう1つ、別の誓い＝マイ・ルールを追加していました。

- **給料のうちの2割は貯金する**
- **住居費は年収の1割以内にする**
- **NEW！　年収の1割以上を自己投資・自己研鑽に充てる**

実は3つ目のマイ・ルールは、安田善次郎ではなくもう一人の日本人大富豪・本多静六《ほんだせいろく》の影響です。

『私の財産告白』（実業之日本社）の中で、**「自分の確実に得られる年収を四分し、その一分で生活し、一分を貯金し、一分を交際修養に当て、残りの一分を社会有用の事業に投ずることにつとめてきた」**という文章があります。一分＝25％なので、安田善次郎よりさらにストイックです。

現代的にはハードルが高すぎるので、私自身は「年収の4分の1を目指しつつ、最低でも10％以上は交際修養費に充てる」というルールにして実践していました。といっても、年収400万円でも40万円は自己投資に充ててよいわけですから、本などはほぼ買い放題状態です。実際そのようにしていましたし、20代の頃からビジネス系の教材を積極的に購入したり、多種多様なセミナーに参加したりということもよくやっていました。

こうした積み上げが今につながっているわけですから、この3つのマイ・ルールを続けてきて本当によかったと考えています。参考になれば幸いです。

以上、今となってはほとんど誰も知らないような人物や本になってしまったため、渋沢栄一の『論語と算盤』ではなく、あえて安田善次郎の本をガイドしてみました。よい出会いの機会になれば嬉しいですし、経済的基盤の整備も、**「適切な努力の積み重ね」**です。

今回紹介した本を通じて、そのための本質をぜひつかみ取っていってください。

22 事例や知見、経験を物語れるようになる

読む前

「今は拡げる時期だと思うので、さまざまな経験をしていきます」

「知見を増やし、見聞も広めていきたいと思います」

「ただ、ほとんど全部忘れてしまうんですよね……」

読んだ後

「事例や経験と向き合うときの姿勢が根本から変わりました！」

「ストーリーで物語れるようにまとめておこうと思います！」

「筋のよいストーリーとは何かがわかりました！」

この本で学び取れる力

▼インプット力
▼さまざまな具体例のつながりを物語れる力

『ストーリーとしての競争戦略』
楠木建著
東洋経済新報社

キャリアや人生設計の本質は「拡げる」時期と「絞る」時期の繰り返しにあるという話をした際、関連書籍として『両利きの経営』という本を紹介しました。あるいは、序章で触れた『経営者の条件』や第2章でガイドした『一勝九敗』もジャンルとしては経営書です。

今回のブックガイドを編纂《へんさん》するにあたって、私は「経営者向けではない本をできるだけ選書する、あるいは経営者向けの本であったとしても、あくまでも個人のキャリアや人生、自己実現に役立てられるようにガイドする」といった方針で、ここまで書き進めてきました。

今回選書した**『ストーリーとしての競争戦略』**も経営書です。

だからといって社長や経営陣だけが読むべき本なのかというとそんなことはありません。もしあなたが今、キャリアや人生において「拡げる時期」の渦中にいるなら、ぜひ読んでほしい本です。

なぜなら、新たな可能性を模索するためにさまざまなヒトやモノ、コトに触れて知見や見聞を拡げていく際、ただ「貴重な体験・経験になった」という感想だけで毎回終わらせていると、残念ながら何も積み上がってこないからです。

だからこそ、どうやって知見や経験を蓄えていくのか。もう少しビジネスライクな言い方をすれば**「どうやってケース・スタディのストックを効果的に増やしていくのか？」**についての本質をつかんでおく必要がある。本書ではこのような観点から、『ストーリーとしての競争戦略』をガイドしていきます。

実際、私はこの本を読んでから、ビジネスケースに限らず、あらゆる事例や経験の触れ方やまとめ方＝ストックの仕方が根本から変わりました。

あるいは、多くのビジネスパーソンに『ストーリーとしての競争戦略』のように体験を味わい、ストックし、アウトプットできるようにしていこうという読み解きについて伝えたところ、「事例や経験と向き合うときの姿勢が根本から変わりました！」といった声も多数もらい続けています。

まずは図49の「1枚」まとめを見てください。

「1枚」まとめの「1P？＝ヒトコトでまとめると？」のフレームに書いた通り、私はこの本から、何かよい事例に触れたり、心に留めておきたい体験をしたりしたときは、**「後で人に話そうと思った際に、理論＝法則ではなく、論理＝つながり＝ストーリーを物語れ**

図49 『ストーリーとしての競争戦略』を紙1枚にまとめてみたもの

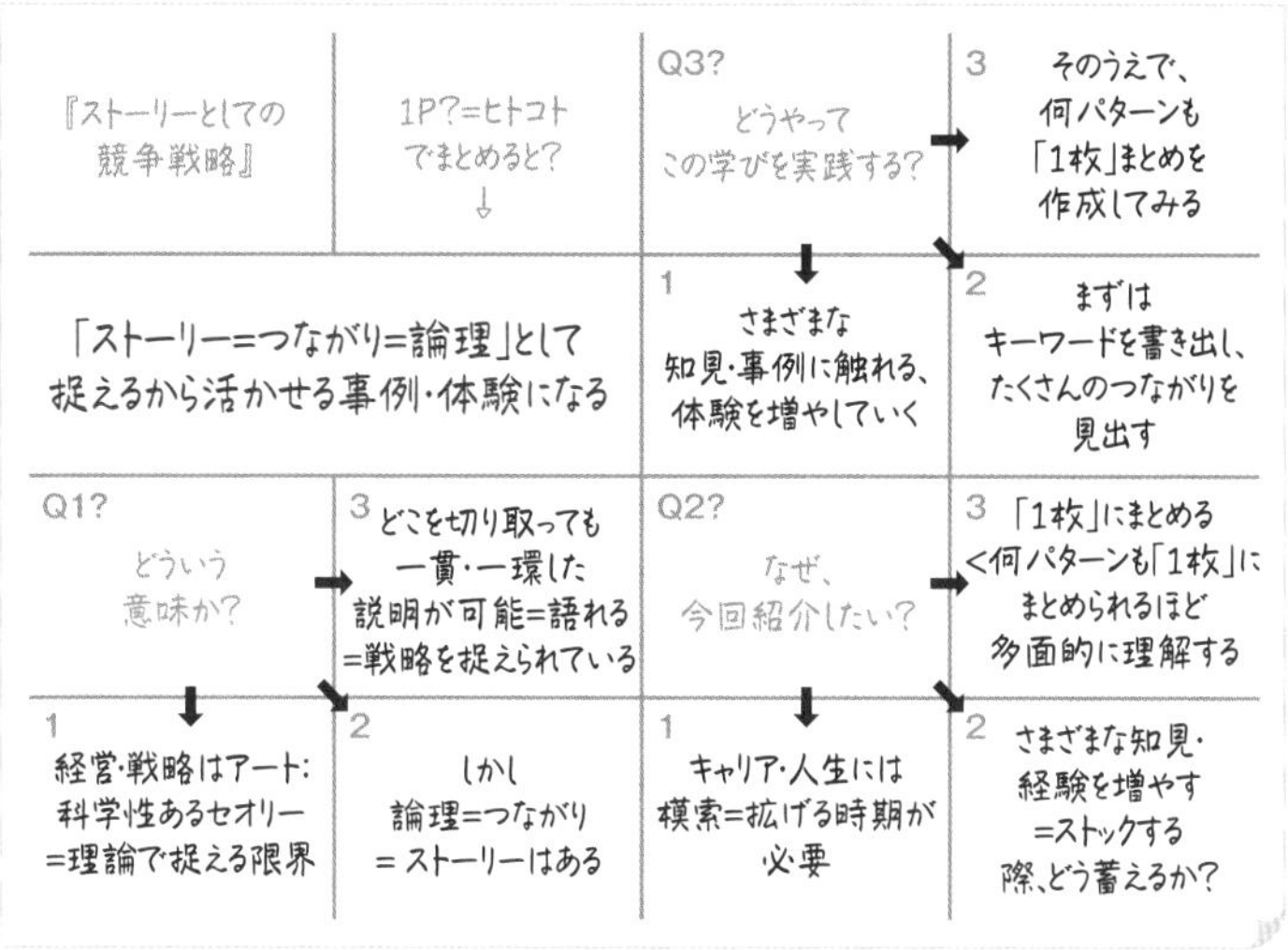
『ストーリーとしての競争戦略』
1P?=ヒトコトでまとめると?
Q3? どうやってこの学びを実践する?
3 そのうえで、何パターンも「1枚」まとめを作成してみる
「ストーリー=つながり=論理」として捉えるから活かせる事例・体験になる
1 さまざまな知見・事例に触れる、体験を増やしていく
2 まずはキーワードを書き出し、たくさんのつながりを見出す
Q1? どういう意味か?
3 どこを切り取っても一貫・一環した説明が可能=語れる=戦略を捉えられている
Q2? なぜ、今回紹介したい?
3 「1枚」にまとめる<何パターンも「1枚」にまとめられるほど多面的に理解する
1 経営・戦略はアート:科学性あるセオリー=理論で捉える限界
2 しかし論理=つながり=ストーリーはある
1 キャリア・人生には模索=拡げる時期が必要
2 さまざまな知見・経験を増やす=ストックする際、どう蓄えるか?

るようにまとめておく」といったことを学び取りました。

著者である一橋ビジネススクール教授・楠木建氏は、「理論＝セオリー＝法則」と「論理＝ストーリー＝つながり」の違いについて、次のように書いています。

> 経営や戦略を相手にしている以上、法則定立は不可能です。しかし、それでも論理はある、「論理化」は可能だという主張です。ストーリーとしての競争戦略も「法則はないけれども、論理はある」という立場に立って、優れた戦略ストーリーの論理を明らかにすることを目的としています。

通常、「論理」と「ストーリー」という2つの言葉を並べるときは対立する概念として捉えてしまいがちですが、本書を読み解くうえでは「論理＝つながりや網の目・辻褄」といった意味合いで捉えるようにしてください。

書籍に載っている下のイメージ図がわかりやすいので引用します。

下にある「筋の良いストーリー」のように、「論理＝ストーリー＝つながり」は複雑で、シンプルに言語化したり理論化したりすることが難しくなります。

そこで、各要素のつながりについて、「物語る」形式で、「時間をかけて」説明するような理解の仕方のほうが、より実態に即した捉え方に近づけるわけです。

もう1か所、『ストーリーとしての競争戦略』から引用してみます。

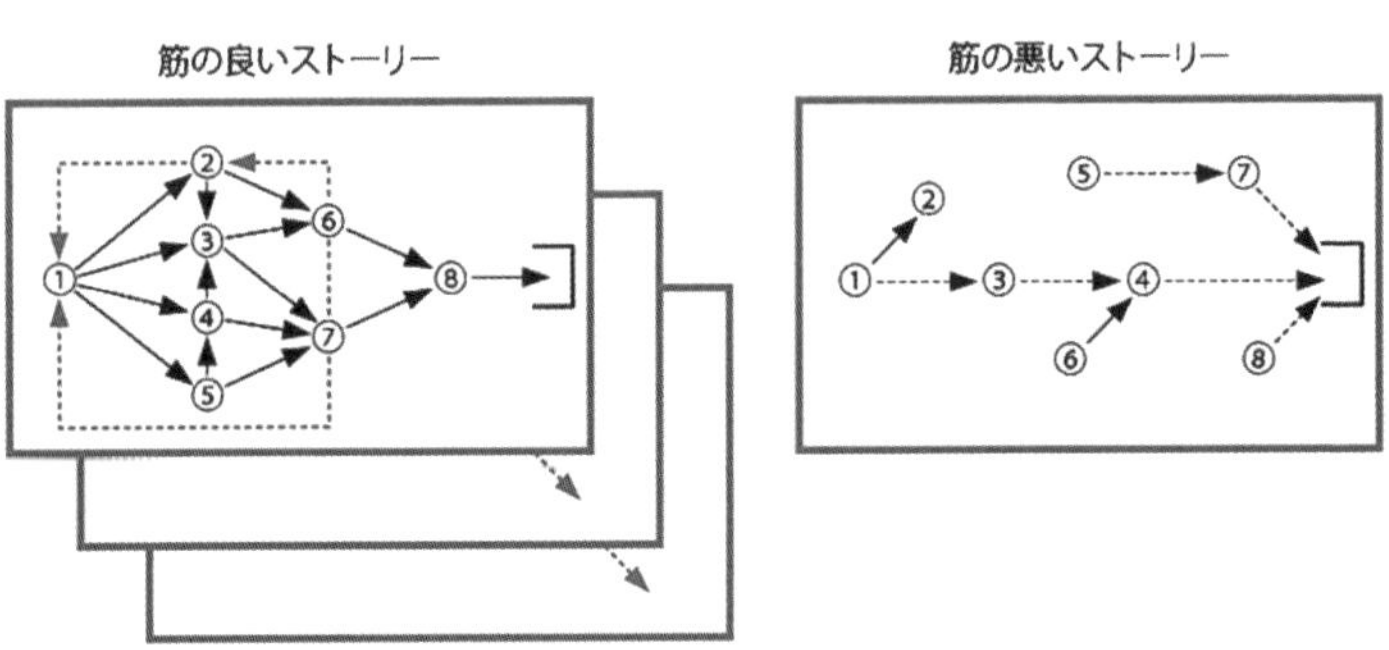

『ストーリーとしての競争戦略』から引用

ストーリーとは、二つ以上の構成要素のつながりです。「パスのつながり」こそがストーリーとしての競争戦略の分析単位になります。個別のパスの良し悪しは、それ自体では評価できません。そのパスの有効性は、他のパスとのつながりの文脈でしか決まらないからです。静止画と動画の分かれ目がパスのつながりです。個々のパスは「静止画」にすぎません。パスが縦横につながり、シュートまで持っていけたとき、戦略は静止画から動画のストーリーになります。

ストーリーが優れているということは、パスが縦横にきちんとした因果論理でつながっているということを意味しています。

この本のテーマは「戦略」ですが、今回は「拡げる時期」における効果的な事例や体験の集め方・まとめ方という文脈で紹介しています。なので、以上を踏まえ、**「事例や知見・経験を活かせるようにストックしておきたいなら、後で人に伝えるときに物語れるレベルで触れるようにする」**。このような言葉で学びを言語化しておきます。

次は、「ジブンゴト化」です。具体的にどうやって触れ、まとめていくのか。

そもそも私は、ここまで一貫して「1P」「2W1H」「3ポイント」といった道具立てを使って、「1枚」レベルでシンプルにまとめて説明するスタイルでガイドをし続けてきました。これは物語るアプローチに比べると、部分的・一面的な解説をしていることになります。

この点については、どう考えたらよいのでしょうか。

理解のカギは、本書が重視している「読後に、どう活かすか?」です。

本を「読んだ後」にいざ実践しようとなった際、ストーリー形式だと要素が多すぎて、また因果関係も複数に伸びてしまうためシンプルに理解・実践することが難しくなってしまいます。

行動に移せるくらいシンプルにしておかないと、日常的には役立てることができない。だからこそ、「1枚」レベルにまとめていく必要性が生じるわけです。

ただし、「1枚」にまとめる前段階では、P248の図のようなイメージで、さまざまな論理のつながりを認識しながら各事例について触れる、学ぶ。

これが大前提です。体験やケース・スタディについては、できるだけ複雑なまま味わう。

とはいえ、活用する際はそこから実践やアウトプットしたい部分にフォーカスをあて、「1枚」レベルにまとめていく。

ということは、実は**「読んだ後」の用途に応じて、同じ題材について何枚も別の「1枚」まとめを作成することが可能**であり、これをできるかどうかが、ストーリー的に事例や知見・経験をストックできているかのチェックポイントになるのです。

やろうと思えばさまざまな「1枚」を作成できる。これは、それだけ**多面的に＝ストーリー的にそのテーマについて認識できているからこそ可能**なわけです。

例として、これから何枚か「1枚」を見せていきますので、しっかり理解しながら読み進めていってください。

『ストーリーとしての競争戦略』の中で、「ベネッセ」のストーリーが登場します。社会人教育者としてこの事例をぜひストックしておきたいと考えた私は、この部分を読んでみて、あるいは元から持っていた知見も踏まえて、まずは図50のような「1枚」のメモを作成しました。

これがベネッセのストーリーにおけるキーワード集であり、**これらを組み合わせながら**

図50 ベネッセのストーリーキーワードを紙1枚にまとめたもの

ベネッセのストーリーキーワード	双方向性としての赤ペン先生	福武書店時代も進研模試を実施	確かに何回かショーを見たが毎回満席
ベネッセ=ラテン語で「よく生きる」を支援	社会的遊休資産活用でコストと質を両立	その延長線上での通信教育事業	現在は閉鎖されたがウィメンズパークも
どう支援？　人と人の「つながり」づくり	赤ペン先生のつながりもコミュニティ化	教材や添削=機能からコミュニケーションへ	○○○
だから継続ビジネス	赤ペン先生の定着率アップにも貢献	添削を通じた子供&家族との心の交流	○○○
だからコミュニティ構築ビジネス	進研ゼミ⇒こどもちゃれんじに横展開	学習を促進するコミュニケーション提供	○○○
長い時間をかけ顧客との関係性を構築	顧客との関係性は効果的なDMの源泉に	90年代に参考書事業からは撤退	○○○
短期では困難：ここが付加価値、参入障壁	さらにたまひよも展開、やはりコミュニティ	代わりにたまひよ：コミュニティ形成雑誌	○○○
コミュニティ構築のカギ：双方向性	単品の切り売りでは継続ビジネスは×	しまじろうのブランド化アニメ化、映画化	○○○

時間をかけて「つながり」を話せるようになれば、「物語るスタイル」でこのケースをストックすることができるわけです。

ただ、「物語るスタイルでストック」と言われても困ってしまう読者が多いはずなので……。現実的かつ実用的な「ジブンゴト化」の方法を提案します。

端的にいえば、この「1枚」をベースにして、少なくとも3枚以上、「1P」「2W1H」「3ポイント」を駆使したまとめを作成してみてほしいのです。

異なる切り口から何度も「1枚」にまとめていくと、その過程でさまざまな「論理＝つながり」を見出すことができます。1つだけつながりを見出したというレベルでは、まだストーリーで捉えたことにはなりません。一方、３パターンほど書き分けられるようになってくると、しだいに各「１枚」同士の横断的なつながりも見えてきて、より立体的に味わえるようになってきます。

この感覚が「ストーリーとして」事例がつかめた瞬間で、このようなカタチで事例や知見、体験をまとめておくからこそ、「せっかくよい話に触れたのに、ほとんどすべて忘れてしまう」といった状況から脱却できるのです。

私はトヨタを辞めた後いきなり独立したのではなく、ＭＢＡが取得できるビジネススクールを運営するグロービスに一度転職しています。

グロービスは「ケースメソッド」という教授法を採用していて、さまざまな企業の事例を読み解きながら、ビジネスに必要な学びのストックを増やしていくのですが……。各ケースをしっかり血肉化し活かせている人と、ほとんどすべて忘れてしまう人に分かれてしまうといった実態を垣間見てきました。

では、事例を積み上げられている人とそうでない人の違いがどこにあるのかというと、今回の文脈に即して言えば「ストーリーレベル」でつかもうとしているかどうかです。

図51 赤ペン先生を紙1枚にまとめたもの

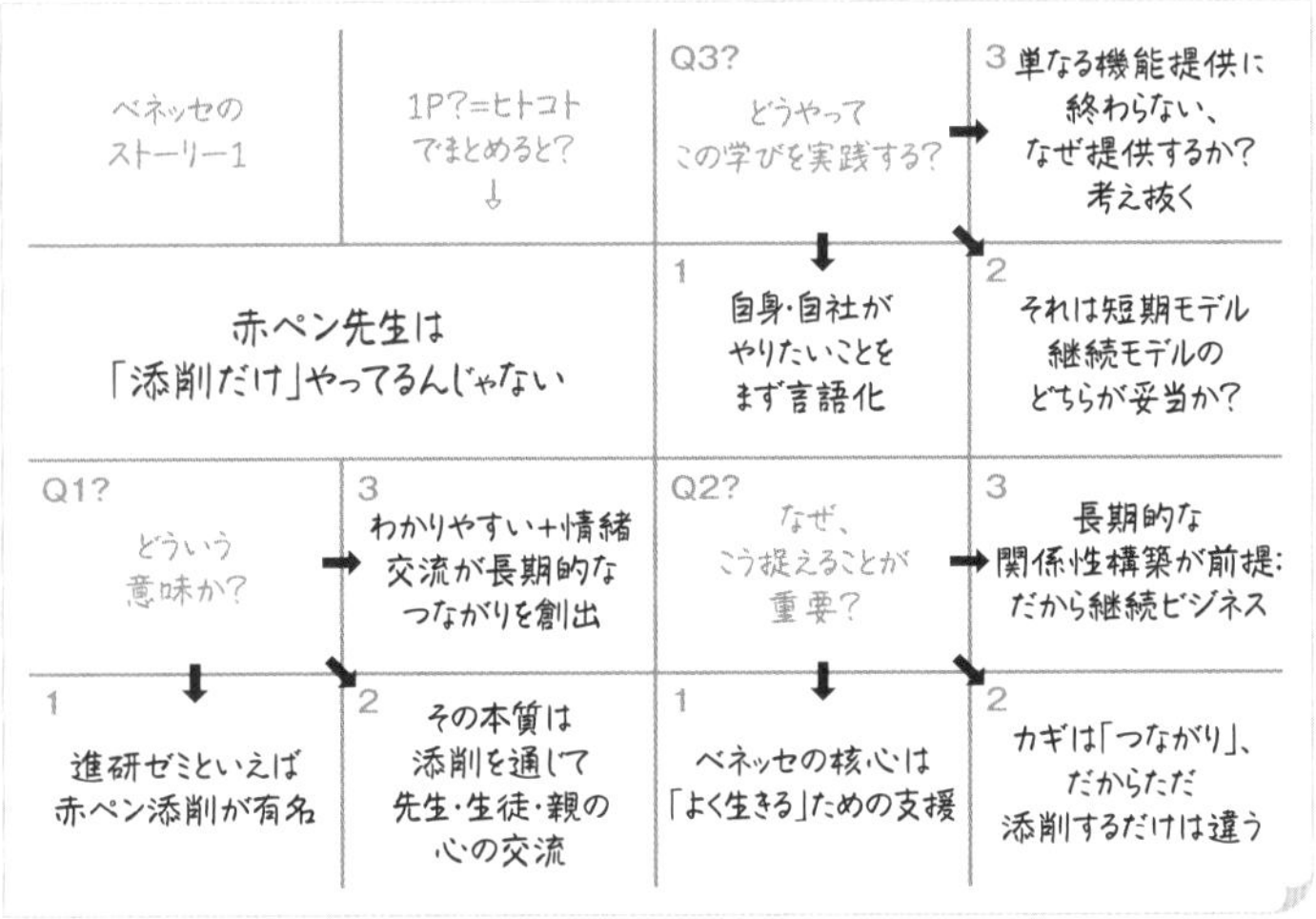
ベネッセの
ストーリー1
1P?=ヒトコト
でまとめると?
Q3?
どうやって
この学びを実践する?
3
単なる機能提供に
終わらない、
なぜ提供するか?
考え抜く
赤ペン先生は
「添削だけ」やってるんじゃない
1
自身・自社が
やりたいことを
まず言語化
2
それは短期モデル
継続モデルの
どちらが妥当か?
Q1?
どういう
意味か?
3
わかりやすい+情緒
交流が長期的な
つながりを創出
Q2?
なぜ、
こう捉えることが
重要?
3
長期的な
関係性構築が前提:
だから継続ビジネス
1
進研ゼミといえば
赤ペン添削が有名
2
その本質は
添削を通じて
先生・生徒・親の
心の交流
1
ベネッセの核心は
「よく生きる」ための支援
2
カギは「つながり」、
だからただ
添削するだけは違う

図52 しまじろうを紙1枚にまとめたもの

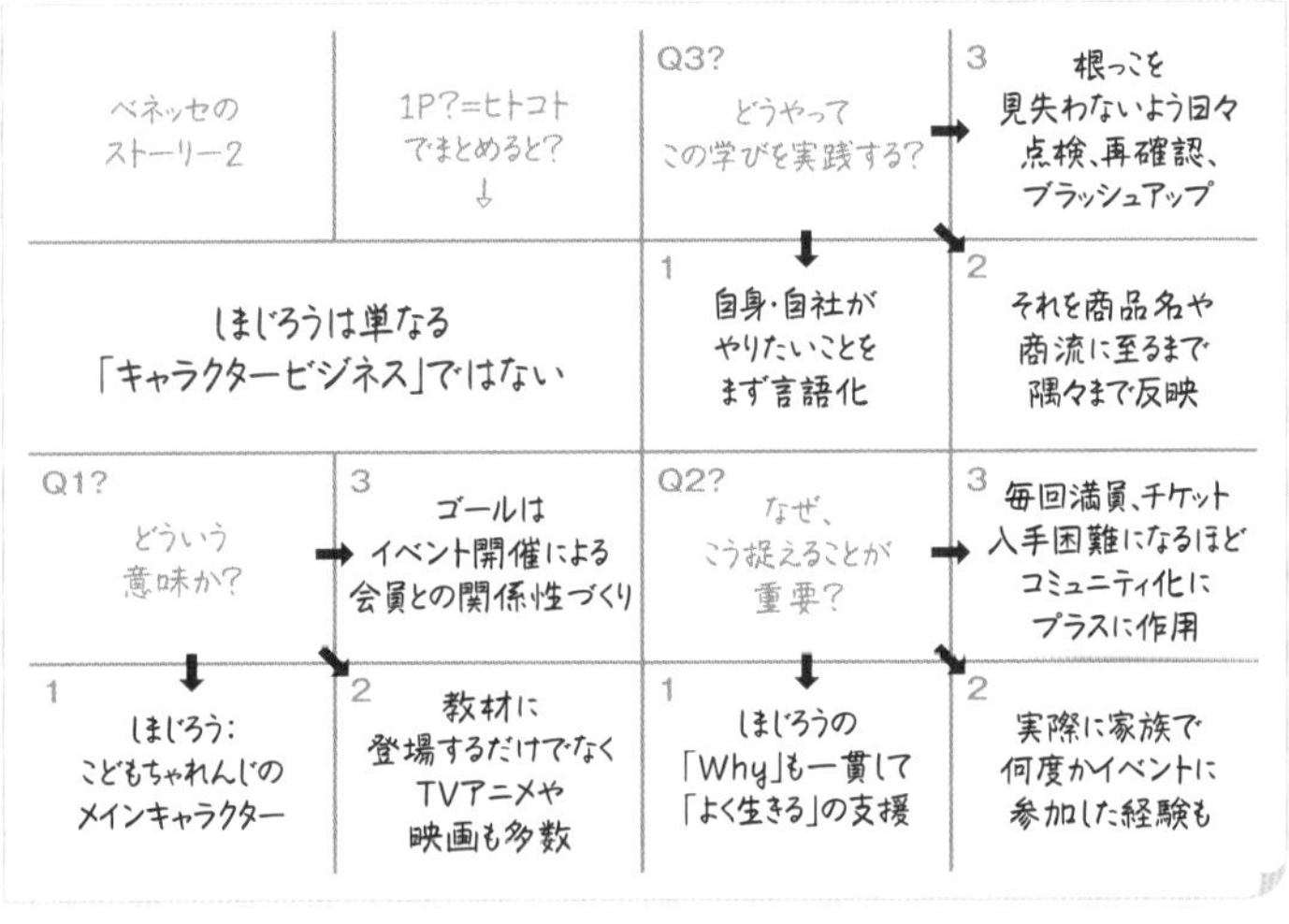
ベネッセの
ストーリー2
1P?=ヒトコト
でまとめると?
Q3?
どうやって
この学びを実践する?
3
根っこを
見失わないよう日々
点検、再確認、
ブラッシュアップ
しまじろうは単なる
「キャラクタービジネス」ではない
1
自身・自社が
やりたいことを
まず言語化
2
それを商品名や
商流に至るまで
隅々まで反映
Q1?
どういう
意味か?
3
ゴールは
イベント開催による
会員との関係性づくり
Q2?
なぜ、
こう捉えることが
重要?
3
毎回満員、チケット
入手困難になるほど
コミュニティ化に
プラスに作用
1
しまじろう:
こどもちゃれんじの
メインキャラクター
2
教材に
登場するだけでなく
TVアニメや
映画も多数
1
しまじろうの
「Why」も一貫して
「よく生きる」の支援
2
実際に家族で
何度かイベントに
参加した経験も

図53 マーケティングについて紙1枚にまとめたもの

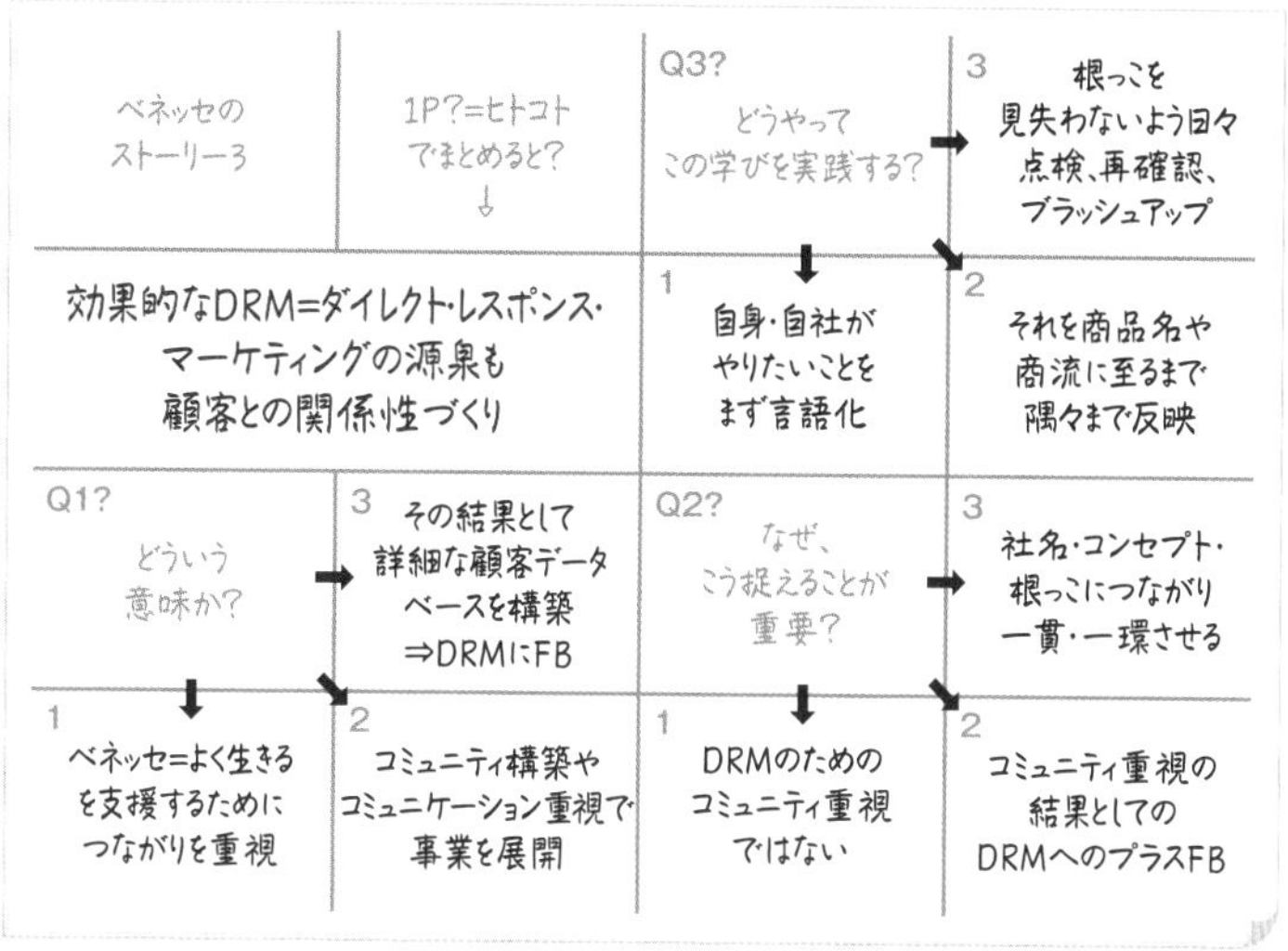
ベネッセの
ストーリー3
1P?=ヒトコト
でまとめると?
Q3?
どうやって
この学びを実践する?
3
根っこを
見失わないよう日々
点検、再確認、
ブラッシュアップ
効果的なDRM=ダイレクト・レスポンス・
マーケティングの源泉も
顧客との関係性づくり
1
自身・自社が
やりたいことを
まず言語化
2
それを商品名や
商流に至るまで
隅々まで反映
Q1?
どういう
意味か?
3
その結果として
詳細な顧客データ
ベースを構築
⇒DRMにFB
Q2?
なぜ、
こう捉えることが
重要?
3
社名・コンセプト・
根っこにつながり
一貫・一環させる
1
ベネッセ=よく生きる
を支援するために
つながりを重視
2
コミュニティ構築や
コミュニケーション重視で
事業を展開
1
DRMのための
コミュニティ重視
ではない
2
コミュニティ重視の
結果としての
DRMへのプラスFB

より端的にわかりやすく言い換えれば、事例や体験についてのまとめが「1枚」しか書けないのか、それとも何枚でも書けるのか。後者であれば、それは「物語れるレベルでストックできている」というように捉えていきたいのです。

以上、『ストーリーとしての競争戦略』の最大の醍醐味は、各ストーリーの読み応え、味わい深さにある。私はそのようにこの本を捉えているので、「では、自分もこのように事例や知見、経験を物語れるようになるためにはどうしたらよいのか？」という観点からガイドしてみました。

『ストーリーとしての競争戦略』を読んで

いると、多くの人が筆者の語り口や文体に魅了されるはずです。「自分もこんな風に魅力的に語れるようになりたい！」と感じた人ほど、今回のガイドを活用していってください。

加えて、こうした力を身につければ、キャリアや人生における「拡げる時期」に出合う数々の学びが、「絞る時期」を迎えたときに役立てられるようにもなってくるはずです。「多様な経験」や「豊富な原体験」をただ「よかった」という感想だけで終わらせないために、まずはここまでの読書体験を今後に活かしていってください。

23 拡大・成長を続けるには、サイクルを回すように思考する

読む前

「毎日がむしゃらに働いているだけだと、不安になってきます……」

「視野が狭い、思考が一面的だとよく指摘されます……」

「ロジカルシンキングだけしか知らず、限界を感じています……」

読んだ後

「なるほど、中長期的に考えるってこういうことなんですね！」

「自分でもフライホイールを作って成長の糧にします！」

「常に全体像を見失わずに、仕事や人生の舵取りができますね！」

この本で学び取れる力

▼全体を俯瞰しながら考える力
▼中長期的な視点で考えていく力
▼継続力

『ビジョナリー・カンパニー②　飛躍の法則』
ジム・コリンズ著
山岡洋一訳
日経BP

キャリアや人生設計の本質である「拡げる」時期と「絞る」時期のうち、今回は「絞る」時期において大切な本質について学び取った本をガイドしていきます。

『ビジョナリー・カンパニー②　飛躍の法則』（以下、『ビジョナリー・カンパニー②』）も前回同様、経営者向けの本です。長年読み継がれている世界的なベストセラーですが、会社員がただそのまま読むだけだと日常の業務に活かすことが難しいため、「読んだ後」に「ジブンゴト化」するプロセスが不可欠になってきます。

実際、『ビジョナリー・カンパニー②』は「とりあえずこれくらいは読んどけ！」といって紹介されるビジネス書の代表格なのですが、サラリーマン時代は正直ピンとこず、特に若手の頃はなぜ名著扱いされているのかよくわからないとすら感じている時期もありました。

それでも、序章で『7つの習慣』をガイドしたときに書いた通り、**「どれだけやるか？」「どれなら活かせそうか？」**といった問いを立てることで、どんな本でも何かしらの学びや気づき、実践に資する知見を得ることは可能です。

『ビジョナリー・カンパニー②』を「読んだ後」に、私がサラリーマン時代から役立てる

図54 『ビジョナリー・カンパニー②　飛躍の法則』を紙1枚にまとめたもの

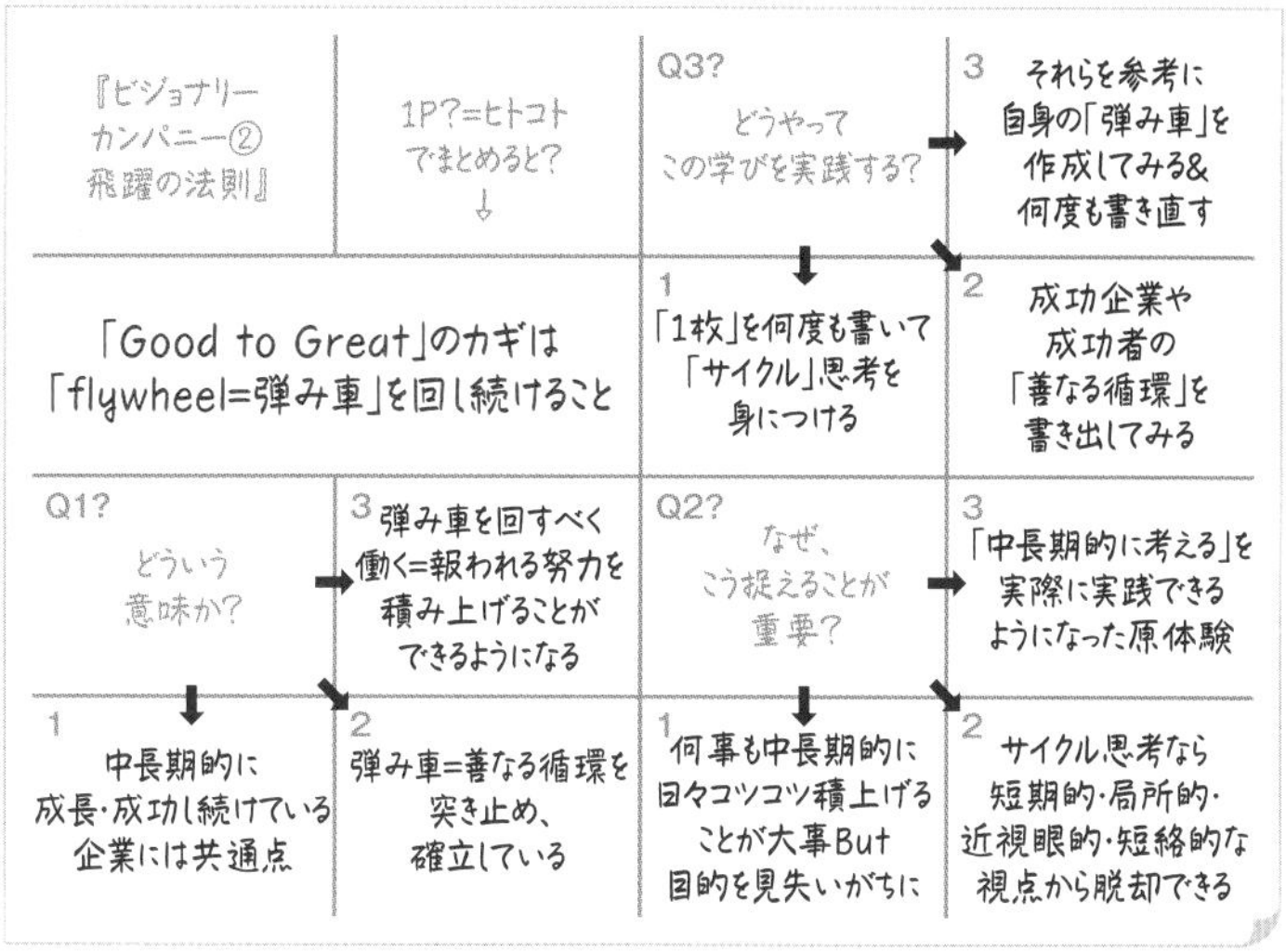
『ビジョナリーカンパニー②飛躍の法則』
1P?=ヒトコトでまとめると?
Q3? どうやってこの学びを実践する?
3 それらを参考に自身の「弾み車」を作成してみる&何度も書き直す
「Good to Great」のカギは「flywheel=弾み車」を回し続けること
1 「1枚」を何度も書いて「サイクル」思考を身につける
2 成功企業や成功者の「善なる循環」を書き出してみる
Q1? どういう意味か?
3 弾み車を回すべく働く=報われる努力を積み上げることができるようになる
Q2? なぜ、こう捉えることが重要?
3 「中長期的に考える」を実際に実践できるようになった原体験
1 中長期的に成長・成功し続けている企業には共通点
2 弾み車=善なる循環を突き止め、確立している
1 何事も中長期的に日々コツコツ積上げることが大事But目的を見失いがちに
2 サイクル思考なら短期的・局所的・近視眼的・短絡的な視点から脱却できる

ことのできた最大の知見は、**「弾み車の法則」**でした。

図54の「1P」にも記載していますが、今回は「flywheel＝弾み車の法則とは何か？」に絞って「ジブンゴト化」の道筋を示していきます。

改めまして、『ビジョナリー・カンパニー②』は米国のビジネス・コンサルタントであるジム・コリンズによる**『ビジョナリー・カンパニー』**シリーズの2冊目です。通常、続編が1作目を超えることは難しいのですが、このシリーズに関しては『ビジョナリー・カンパニー②』のほうがさらなる世界的ベストセラーとなりました。

この本の概要を理解するうえで有効なのが、「原書のタイトルを確認する」方法です。

1作目の『ビジョナリー・カンパニー』の原題は『Built to Last』となっていて、これは「どうすれば、打ち立てた（Built）ビジネスを継続（Last）できるか？」といった意味合いになります。

一方、『ビジョナリー・カンパニー②』の原書タイトルは『Good to Great』です。こちらは、「どうすれば、ただ継続するだけ（Good）でなく拡大・成長して偉大な企業（Great）になれるか？」が主題となっています。

たったこれだけのことですが、それでも本を読む際、こういったメインとなる問いをつかんでいれば、迷子にならずに済むはずです。「原書のタイトルから出発して読解を組み立てる」はシンプルですが本当に役立つアプローチなので、ぜひ習慣にしていってください。

では、本題です。

「Good（継続できる＝優良）」から「Great（偉大）」へとさらに飛躍する企業にはどんな共通点があるのか。さまざまな法則が導き出されているのですが、今回フォーカスをあてたいのは前述した「弾み車の法則」です。本から一か所、引用してみます。

> 偉大な企業への飛躍は、結果をみればどれほど劇的なものであっても、一挙に達成されることはない。たったひとつの決定的な行動もなければ、壮大な計画もなければ、起死回生の技術革新もなければ、一回限りの幸運もなければ、奇跡の瞬間もない。逆に、巨大で重い弾み車をひとつの方向に回しつづけるのに似ている。ひたすら回しつづけていると、少しずつ勢いがついていき、やがて考えられないほど回転が速くなる。

要するに「適切で報われる可能性が高くなる努力を日々コツコツと積み重ねていこう」という話で、これは第2章の「成長」の章でガイドした『超一流になるのは才能か努力か？』とも通じてくる本質なのだと、まずは捉えてみてください。

実際、この法則は本当にパワフルで、この部分だけを切り取った**『ビジョナリー・カンパニー　弾み車の法則』**（日経BP）が別冊的な小著として出ているくらいです（「ビジョナリー・カンパニー」シリーズの大半は500ページ前後あるのですが、この本は100ページ以下なので気軽に読めます）。

さて、「弾み車の法則」を理解する事例としてはおそらくアマゾンの例が最も有名かつイメージしやすいので、下の絵を見てください。

これがアマゾンの「弾み車＝フライホイール」です。まずはとっかかりとして、時計回りになっている**「ホイール＝歯車のイメージ」**を下の絵からつかんでください。

ちなみに下の絵は、『ビジョナリー・カンパニー②』に掲載されているものではありません。**『アマゾンの最強の働き方』**（コリン・ブライアー、ビル・カー著、ダイヤモンド社）という本から引用しました。創業者ジェフ・ベゾスがこの絵を紙ナプキン

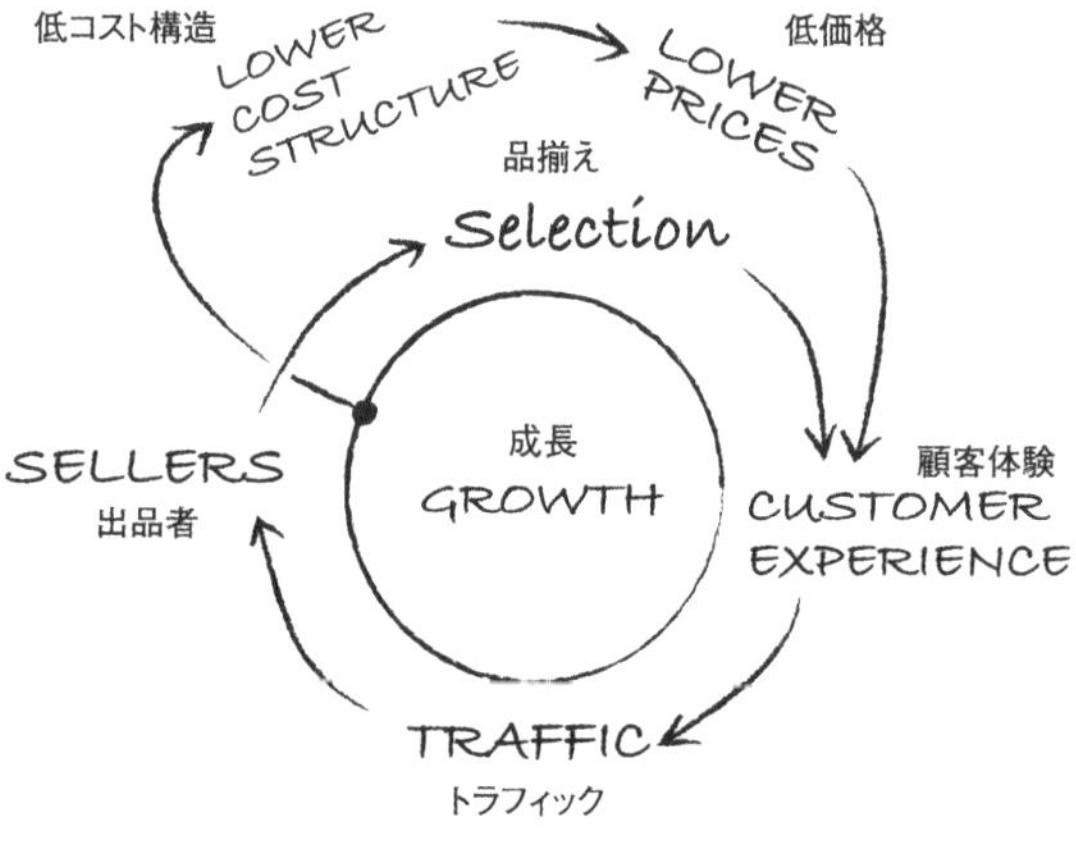

『アマゾンの最強の働き方』（コリン・ブライアー、ビル・カー著、紼川謙監訳、須川綾子訳、ダイヤモンド社）より引用

図55 フライホイールを紙1枚にまとめたもの

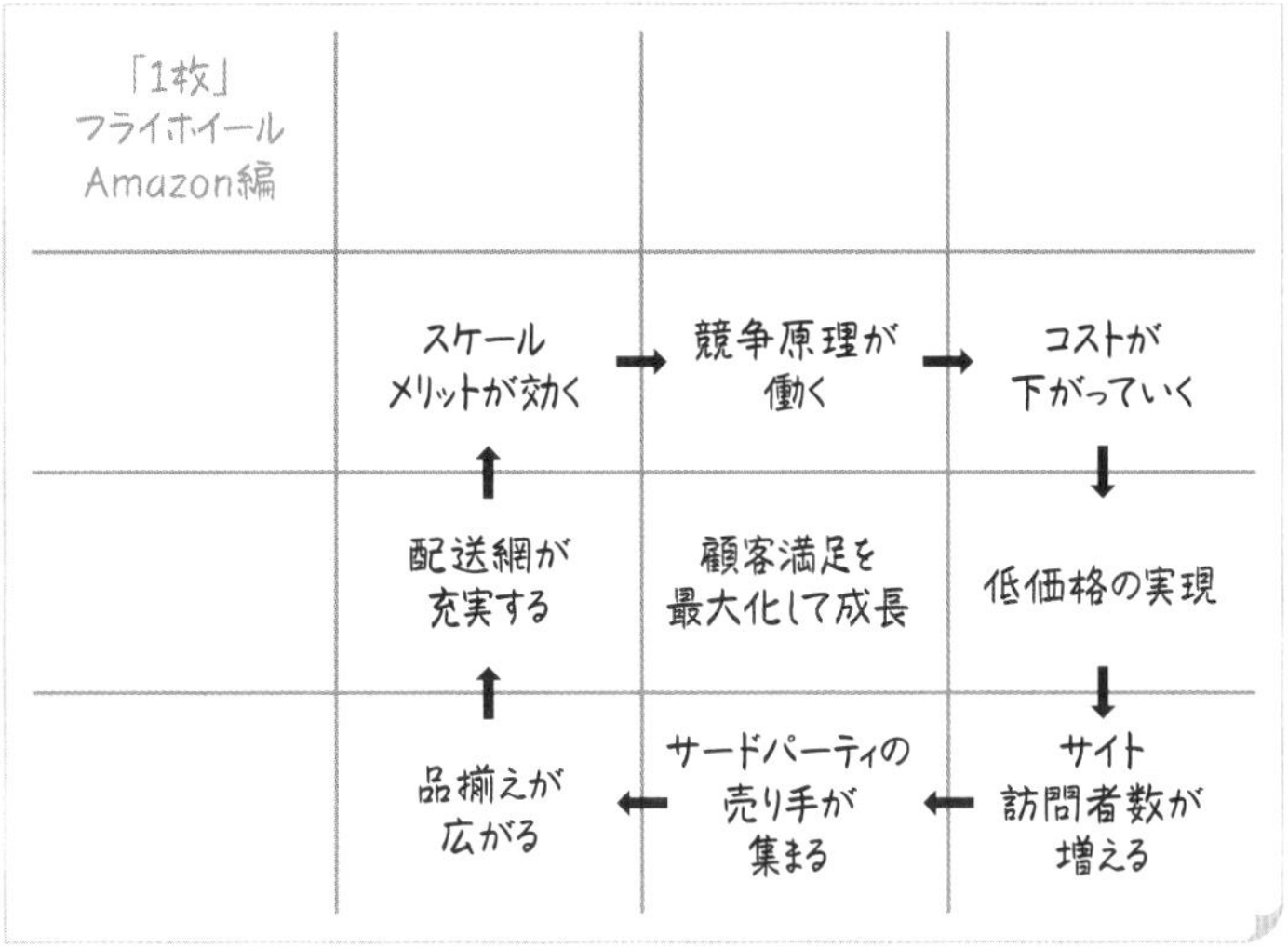

「1枚」
フライホイール
Amazon編
スケール
メリットが効く
競争原理が
働く
コストが
下がっていく
低価格の実現
サイト
訪問者数が
増える
サードパーティの
売り手が
集まる
品揃えが
広がる
配送網が
充実する
顧客満足を
最大化して成長

に描いたという逸話が紹介されていて、アマゾンではこの弾み車＝フライホイールを**「ヴァーチャス・サイクル（善なる循環）」**とも表現しています。

一方、図55はこの「善なる循環」を「1枚」フレームワークにトレースし直した〝**「1枚」フライホイール**〟です。すでに多くの読者さんにとってなじみ深くなっているであろうこの枠組みに置き換えることで、一気に「ジブンゴト化」しやすくなると感じられるのではないでしょうか。なお、今回もわかりやすさ重視で私なりに表現を変えたり、加筆している部分もあります。

図55のように置き換えてみることで、よ

り**「弾み車＝サイクル的に考える思考回路」**が視覚的にわかりやすくなりました。実際、私は普段からこのような「1枚」を書いて「フライホイール＝サイクル思考」を実践しているのですが、こうした思考回路を習慣化できるとどんなメリットがあるのか。

そのことを理解してもらうために、アマゾンの例を一通り解説してみます。まずは赤ペンで書いた**「低価格の実現」**から弾み車をスタートしましょう。

これを達成すべく日々適切な仕事を積み重ねていくと、しだいに**「サイト訪問者数が増える」**という下のフレームに進めます。

サイト訪問者が増えれば、「そんなに人がいっぱい集まっているなら自分も出品したい」といって**「売り手が集まる」**わけです。

その結果、**「品揃えがますます充実」**し、多様な売り手がいれば配送の選択肢も増えますので**「配送網の拡大」**にもつながっていきます。数が増えれば**「スケールメリットが効き」**、**「競争原理が働く」**ことでさらに**「コスト削減」**にもつながっていくでしょう。そうすれば、さらなる**「低価格の実現」**が可能になり……。

というわけで、これで弾み車を1周することができました。

アマゾンの各領域の社員がこの「フライホイール＝善なる循環」を回すようにそれぞれの担当業務を担うことで、ビジネス全体が成長し続けていくわけです。

これは見方を変えると、自分の仕事が常にこの全体サイクルの一部を担っていること、自身の働きによってこのフライホイール全体に貢献できるのだと捉えられることによって、**部分的・局所的・短期的ではない、全体的・大所的・中長期的な捉え方で日々働くことが可能**になってきます。

これが、経営者ではなく一個人のレベルで弾み車の法則を「ジブンゴト化」して理解・実践する際の最大の効用だと私は考えていて、要するに**常に全体像を把握し、あるいは時間的にも長い目線で、日々大切なことを貫いていけるようになる**のです。

「拡げる」時期と「絞る」時期の文脈に重ねてまとめれば、**「弾み車の法則」はとりわけ「絞って貫く時期」に必須の思考回路**です。

というのも、1つの道を選んでコツコツ頑張っている時期は、どうしても近視眼的になりがちです。「なんでこんな道を選んでしまったのだろう？」となって自分を見失ってしまったときほど、こうしたサイクル思考が役に立ちます。

私自身この10年間、一貫・一環して自社の弾み車を回し続けるように事業を営んできました。途中、忙し過ぎて自分でも何をやっているのかよくわからなくなってしまうこともあったのですが、そのたびにこの「善なる循環」に立ち戻り、今は何をやるべきときなのかと客観視し、軌道修正することが今日までできています。

10年単位で何かを「貫く」際の設計図・地図・コンパスのようなイメージで、ぜひ自社や自身の「弾み車＝フライホイール＝善なる循環」を自分でも描いてみてください。その際の参考になればということで、図56は私個人の趣味である読書に関する「1枚」フライホイールです。

私が読書に関して最も大切にしていることは、**「読書について人に伝える機会を何らかのカタチで持ち続けること」**です。なぜなら、こういった機会があり続ける限り「アウトプット」をしなければならず、そのためには「インプット」としての読書もやり続けなければなりません。

すると、どんなに忙しくて時間がなくても、何とかして読書の「時間を確保」して「学

図56 フライホイール個人編を紙1枚にまとめたもの

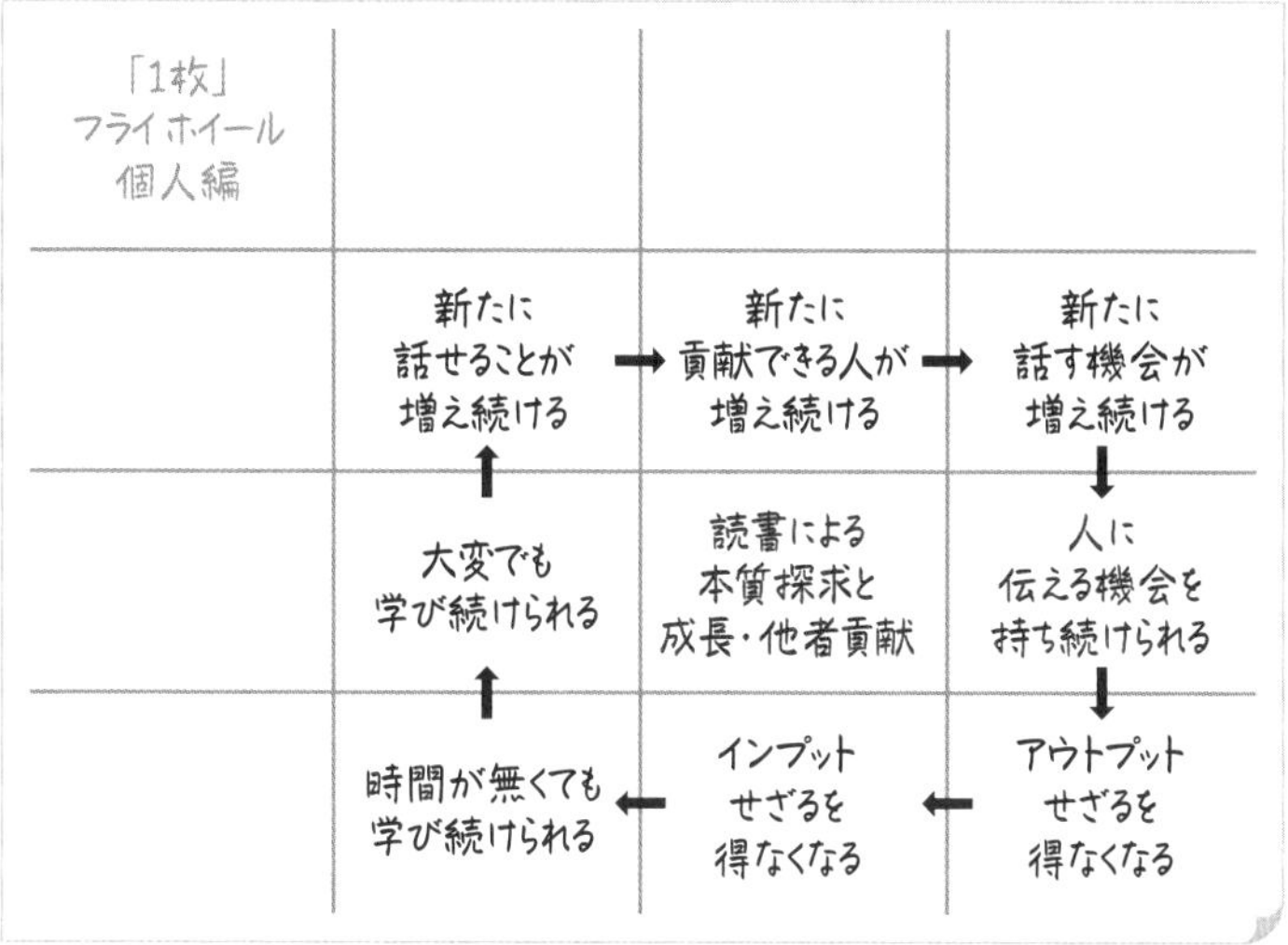

「1枚」フライホイール個人編
新たに話せることが増え続ける
新たに貢献できる人が増え続ける
新たに話す機会が増え続ける
大変でも学び続けられる
読書による本質探求と成長・他者貢献
人に伝える機会を持ち続けられる
時間が無くても学び続けられる
インプットせざるを得なくなる
アウトプットせざるを得なくなる

び続ける」ことができるわけです。そうすれば、「新たに話せること」「新たに人の役に立てること」も増え続けていきます。

それらを実際に「他者貢献」として実践できれば、さらに「多くの人に話す機会」を持つことができ……これで、読書にまつわる弾み車が完成しました。

この善循環の最大のポイントは、**「時間がなくても読書せざるを得ない環境にしておく」**という点です。学生時代と違って潤沢な時間がない以上、「好きだから」「楽しいから」だけでは読書を通じた成長を継続することはできません。

だからこそ、こういったサイクルを仕事・プライベートを問わず自分なりに構築し、弾み車が機能するように日々を過ごしていく必要性があるわけです。

実際、私はこのフライホイールを回し続けることで、社会人になってからもコンスタントに年数百冊の読書量を継続し、少なく見積もっても1万冊以上の本を読むことができています。

これが、「弾み車で考える」力を身につけることの威力・魅力・醍醐味です。

自身の仕事でも趣味でも、何をテーマにしてもらっても構いません。ぜひ今回の例を参考に、さっそく「ジブンゴト化」です。

自分バージョンのフライホイールを実際に描いてみてください。「Good to Great」なキャリアや人生を成し遂げるべく、お互いに頑張っていきましょう。

24 世のため人のため家族のためを思い、日々没頭し、成長していく

読む前

「思い通りのキャリアや人生を歩みたいと思っているのですが……」

「やはり、すぐに諦めてしまいます……」

「結果がでるまで頑張るということがどうにもできません……」

読んだ後

「自分の人生をどう生きるか、『三つの価値』と真剣に向きあいます！」

「どんな状況でも、人は自由を見出せるんですね！」

「『態度は選べる』を忘れずに大変な状況を乗り越えていきます！」

この本で学び取れる力

▼諦めない力 ▼最後までやり抜く力 ▼実現力

『それでも人生にイエスと言う』
V・E・フランクル著
山田邦男、松田美佳訳
春秋社

とうとう最後の本となりました。

思い通りのキャリアや人生を実現していくための必読書籍。そのフィナーレを飾るのは、オーストリア出身の精神科医・心理学者であるV・E・フランクルによる**『それでも人生にイエスと言う』**です。

大学時代、私はヨーロッパ中を2週間ほどかけてバスで回る「コンチキツアー」なるプログラムに参加したことがあるのですが、その中でナチスの強制収容所跡に訪問する機会がありました。ちょうどこの場所を訪れる直前にフランクルの**『夜と霧』**（みすず書房）と『それでも人生にイエスと言う』を偶然読んでいたことに縁や意味を感じ取り、それから20年間、フランクルの一連の著作を毎年のように読み返しています。私が最も影響を受けている人物の1人です。

圧倒的に有名なのは、フランクルが強制収容所で極限状況のなか生き延びた体験についてまとめた『夜と霧』になります。ただ、私自身は「それでも人生にイエスと言う」という言葉が、もう座右の銘の1つと言えるほどに響いてしまっているため、こちらを選書しました。

最後の「1枚」まとめです。

図57『それでも人生にイエスと言う』を紙1枚にまとめてみたもの

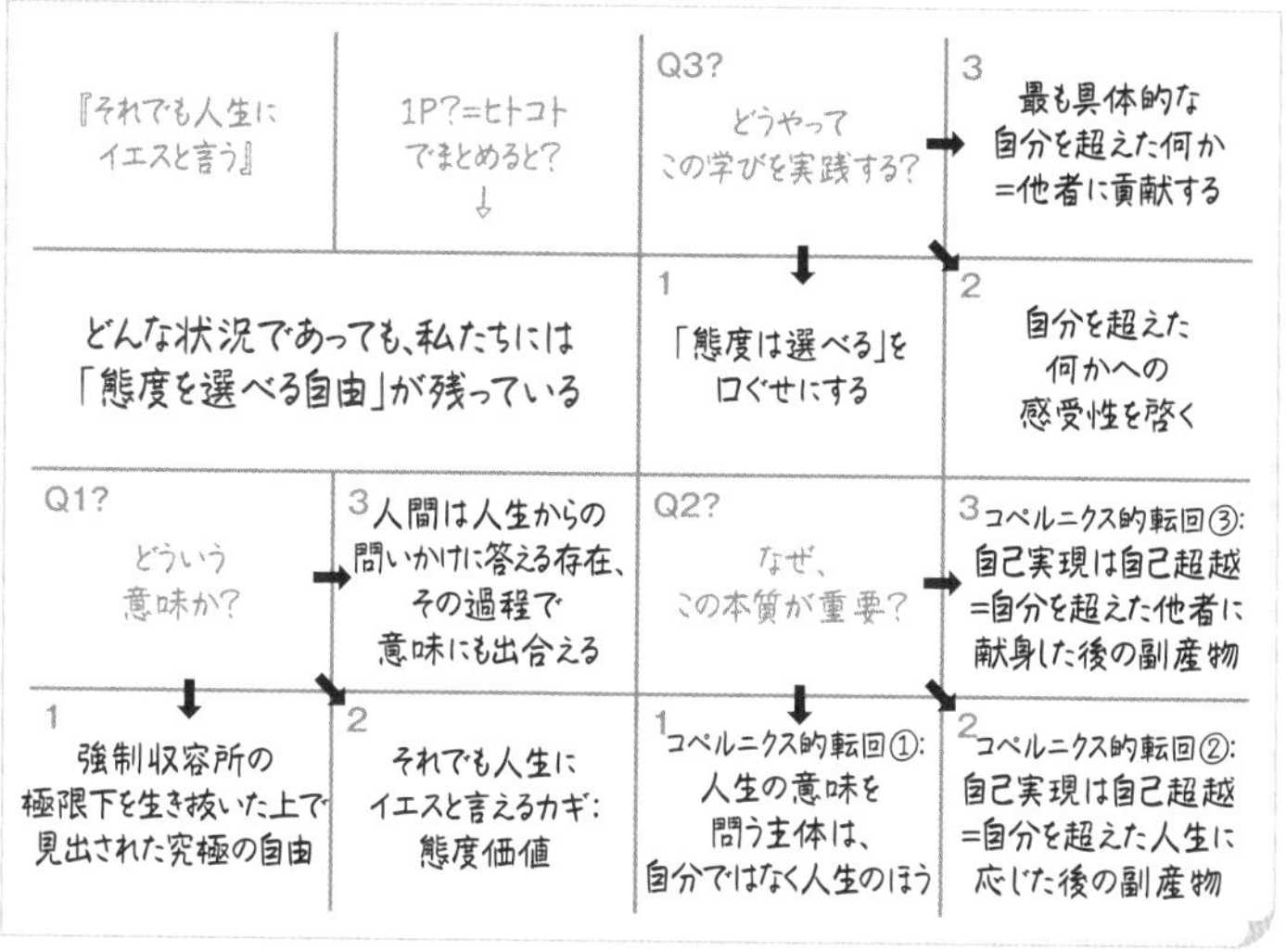
『それでも人生にイエスと言う』
1P?=ヒトコトでまとめると?
Q3? どうやってこの学びを実践する?
3 最も具体的な自分を超えた何か=他者に貢献する
どんな状況であっても、私たちには「態度を選べる自由」が残っている
1 「態度は選べる」を口ぐせにする
2 自分を超えた何かへの感受性を啓く
Q1? どういう意味か?
3 人間は人生からの問いかけに答える存在、その過程で意味にも出合える
Q2? なぜ、この本質が重要?
3 コペルニクス的転回③:自己実現は自己超越=自分を超えた他者に献身した後の副産物
1 強制収容所の極限下を生き抜いた上で見出された究極の自由
2 それでも人生にイエスと言えるカギ:態度価値
1 コペルニクス的転回①:人生の意味を問う主体は、自分ではなく人生のほう
2 コペルニクス的転回②:自己実現は自己超越=自分を超えた人生に応じた後の副産物

図57を参照しつつ、以降を読み進めていってください。

いきなりですが、この本で最もコペルニクス的転回だった部分を引用します。

私たちが「生きる意味があるか」と問うのは、はじめから誤っているのです。つまり、私たちは、生きる意味を問うてはならないのです。人生こそが、問いを出し私たちに問いを提起しているからです。私たちは問われている存在なのです。私たちは、人生がたえずそのときそのときに出す問い、「人生の問い」に答えなければならない、答

を出さなければならない存在なのです。生きること自体、問われていることにほかなりません。私たちが生きていくことは答えることにほかなりません。そしてそれは、生きていることに責任を担うことです。

この本を読むまで、私は**「自分は何のために生きているのか？」**という問いばかりを考えていました。しかし、そもそも「思い通りに生きたい」の「思い通り」に関して、これまでの捉え方が適切なのかと問われてしまったわけです。

「自分の思いというよりは、人生のほうからの問いかけにどう答えるか、どうレスポンス＝反応＝責任を担うのか？」と捉えてみる。

まさに、コペルニクス的転回という言葉が相応しい衝撃的な読書体験でした。

キャリアや人生に関して「拡げる時期」にせよ「絞る時期」にせよ、基本的には「日々起きる出来事＝人生からの問いかけ」に一所懸命に答えていくしかない。

その過程では、理不尽なことや不条理なこともたくさん起き得ます。強制収容所ほどの極限状況に陥ることはなくても、真剣に生きていれば、何もかも投げ出して諦めたくなるような局面だってあって当然です。

そんなとき、フランクルは「三つの価値」について考えてみることで、そうした状況にも「意味」が見出せると言っています。

- **創造価値：その経験を通じて、何を成すか、残すか、生み出すか**
- **体験価値：その経験を通じて、どんな真善美を体験するか**
- **態度価値：その経験を通じて、どのような態度を選び取るか**

特に重要なのは**「態度価値」**で、私は一時期、暇さえあれば**「態度は選べる」**とブツブツ言って「ジブンゴト化」をはかっていたことがありました。

この学びを口ぐせレベルにすることで、いざしんどい場面に陥ったときに、自然と「態度は選べる」という言葉が出てくるようにするためです。この方法は、第2章でガイドした『自分の小さな「箱」から脱出する方法』のときと同じ「ジブンゴト化」のアプローチです。

これまで何度か触れてきましたが、私はサラリーマン時代に心身の不調から休職した経験があります。そのときの自分を救ってくれたのが、この口ぐせと、『それでも人生にイエスと言う』の最終盤に書かれている次の文章でした。

少し長めですが、本書をここまで読み進めてきてくれた読者であれば心に響く内容のはずです。じっくり味わってみてください。

人間というものは怠惰《トレーゲ》ですから、なかなか責任を負おう《トラーゲン》とはしません。（中略）責任を、そして人生を肯定するのは難しいことです。けれども、かつて、あらゆる困難をものともせず、この肯定を行なった人たちがいました。そして、ブーヘンヴァルト収容所の囚人たちが、彼らの作った歌の中で「それでも人生にイエスと言おう」と歌ったとき、それをただ歌っただけでなく、いろんな仕方で行ないに移しもしたのです。（中略）とすれば、こんにち、ほんとうは比べることはできないとはいえ、比較的ましな状況にある私たちが行ないに移せないわけがありましょうか。人生はそれ自体意味があるわけですから、どんな状況でも人生にイエスと言う意味があります。そればかりか、どんな状況でもイエスと言うことができるのです。

どんな状況下にあっても、私たちには「それでも人生にイエスと言う」と歌える自由がある。まだまだ**「態度を選べる自由」**は残されている。

そう捉えられれば、苦難を乗り越えることも可能になってくるのではないでしょうか。頑張って続けた結果、**「ああ、この瞬間のために自分は生きていたのか!」**と感じられるような、そんな**「人生の意味」**にも出合えるのではないでしょうか。

この章の最初で『論語』の「五十にして天命を知る」を紹介しましたが、「天命＝人生の意味」と捉えれば、天命はフランクルの言うような姿勢で日々を積み重ねた先に見出せるものなのだと、私は考えています。

もう1つ、フランクルから学んだ本質の1つとして**「自己実現」**と**「自己超越」**の話を最後に紹介させてください。

「自己実現」と言えばマズローの欲求5段階説の5番目の欲求として有名ですが、フランクルは「自己実現」をどのように捉えているのか。

『それでも人生にイエスと言う』の訳者解説にも説明はあるのですが、できればフランクル自身の言葉で触れてほしいので、関連書籍として**『意味による癒し』**(春秋社)という別の本から引用文を紹介します。

人間存在の本質は、自己実現ではなく、自己超越性（self-transcendence）にあります。（中略）自己実現は、もしそれが目的そのものになると達成されえず、ただ自己超越の副次的結果としてのみ達成されるものなのです。

これもまた、コペルニクス的転回レベルの話だと感じる読者ばかりなのではないでしょうか。**「自己実現」を目的にすると自己実現は達成できず、「自己超越」を目的にして日々頑張っていると、その過程で「副次的に＝結果的に＝気づけば」自己実現が達成されてしまう。**

となると、さらにフォーカスをあてるべきは「自己超越」とは何かです。

これも、訳者解説ではなくフランクル本人の言葉に触れてほしいので、もう1冊だけ**『人間とは何か』**（春秋社）という書籍から該当箇所を引用してみます。

自己超越という言葉で私が理解しているのは、（中略）人間存在はつねに自己自身を超えて、もはや自己自身ではないなにかへ、つまり、ある事またはある者へ、人間が充たすべき意味あるいは出会うべき他の人間存在へ、差し向けられているという事態である。そして、そのように自己自身を超越する程度に応じてのみ、人間は自己自身を実現するのである。すなわち、人間は、ある事柄への従事またはある他の人格への愛によってのみ自己自身を実現するのである。言い換えれば、人間は、本来、ある事柄にまったく専心し、他の人格にまったく献身する場合にのみ全き人間なのである。

ちょっと翻訳が硬めで読みにくかったかもしれませんが、要するに「自己超越」とは、「自分自身ではない何か＝好きなモノやコト」に「従事＝専心＝没頭」すること。あるいは、「ギバー」や「授与愛」の精神で、「他の人格＝自分を超えた他者」に「献身＝貢献」することです。

これまでガイドしてきた本から学び取った本質をキーワードとして散りばめておきましたので、すでに多くの読者さんが横断的なさまざまな「つながり」を見出せているのではないでしょうか。1つだけ、ここで改めて、序章でガイドした『イノベーション・オブ・ライフ』の核心を振り返ってみましょう。次の1文でした。

自分の問題より人の問題を解決することに心を砕くうちに、絶望は消え、再び幸せを感じるようになったのだ。

クリステンセンとフランクルが私たちに託してくれた共通のメッセージを、あるいは他の名著ガイドを通じて学び取ってきた数々の本質とのつながりや重なりを、これで「ジブンゴト化」して味わえたはずです。抽象度の高い学びであるにもかかわらず、かつてないほどに心に響き、また「1枚」埋めるという行動も伴っている。

こうした読書体験を積み上げていけるからこそ、私が提供する学習機会に参加している受講者の多くが、「はじめに」で書いたビフォーアフター体験を成し遂げていってくれているのです。

思い通りのキャリアや人生を歩んでいくうえで最も大切なことは、**自身の興味関心・好奇心や情熱を大切にしつつ、とはいえ自己完結ではなく、「世のため人のため家族のため」になるようなカタチで日々没頭し、成長していくこと。**

「拡げる」にせよ「絞る」にせよ、すべてはこの1点に尽きるのだと味わってもらうために、こうした本質を「ジブンゴト化」するために、最後の「1枚」です。

図58 自己超越と自己実現を紙1枚にまとめてみた

自己超越と自己実現	その人が困っていることは？	どうすれば役に立てる？	自分のリソース＝没頭できることと重なる？
周囲の人	○○○	○○○	映画鑑賞
Aさん	○○○	○○○	読書
Bさん	○○○	○○○	バイオリン・ピアノ
Cさん	○○○	○○○	1枚にまとめること
Dさん	○○○	○○○	体操・瞑想・内観
○○○	○○○	○○○	文章を書くこと
○○○	○○○	○○○	○○○

図58のような枠組みを作成し、人の役に立つことと、自身が没頭できることの間に何か接点があるか、見出してみてください。

私は今回、読者の皆さんにたった1冊でもよいので、何か新たな本との出合いのきっかけづくりができればと願い、ここまで懸命にガイドしてきました。

その過程で、自身がこれまでに没頭してきたリソースである「本を読み続けてきたこと」「1枚にまとめ続けてきたこと」「10冊以上の本・文章を書き続けてきたこと」等を出し切ることができ、今はまさに感無量といった心境です。

フランクルのいう**「自己超越による献身**

の結果、副次的に達成される自己実現」とは、きっとこうした心の状態のことなのだと、私なりには理解しています。

だとすれば、図58のような「1枚」を作成し、実践することで、自己超越を通じた自己実現があなたにも可能になってくるはずです。

抽象度の高い古典的名著だからこそ、学びを「ジブンゴト化」するために実際に書いて、自身の仕事や日常に活かしていってください。

以上、読書にまつわる「前・中・後」のすべてをカバーし、とりわけ「読んだ後」にさらにフォーカスをあてたブックガイドは、これにて終了です。

「読後、どう活かすか？」を大切にするということは、要するに**「本を読み終わることは、ゴールではなくスタート」**だと言い換えることができます。

本書を読み終わったことで、あなたは今ようやく「スタートライン」に立つことができました。「よーい、ドン！」の「よーい」のところまでたどり着いたということです。この本を「読んだ後」に、あなたはまず何をしますか。

どの本を、バトンのように携えて、全力で駆け出しますか。

これからが本番です。ロケットスタートの実現を心から願っています。

まずはここまで、本当にありがとうございました。

おわりに

近年、グーグルやアップルといった世界的トップ企業が、「インハウス・フィロソファー＝企業専属の哲学者」をフルタイムで雇用するようになりました。あるいは、X（旧ツイッター）やフェイスブックも、哲学者が設立した哲学コンサルティング企業なるものを経営や組織運営に活用しています。

その理由は、これだけ変化が激しく、先を見通せないような時代においては、場当たり的なスキルやわかりやすい答えよりも、時代や地域を問わずに当てはまるような普遍性の高い本質から出発したほうが、より妥当性や納得感のあるビジネス判断につなげていけるからです。

「はじめに」でも書きましたが、普遍性が高いということは、それだけ抽象度が高いということです。だからこそ、本来であれば誰にでも当てはまるような英知になるわけですが、抽象的＝ふわっとしている＝よくないことと捉えてしまっている社会人学習者に、これまでたくさんお会いしてきました。

本当にもったいないことだと感じています。

トップや一流と評されるような企業や、そこで働く人たちが哲学的＝抽象度の高い本質を重視してビジネスを継続・拡大しているにもかかわらず、そうした学びが得られる本には一切触れずに、具体的なノウハウやスキル、わかりやすい答えばかりを求めてしまう……。

何とかして、こうした現状に一石を投じることができないだろうか。

一生ものの本質的な学びが得られる良書と、現状を打破していきたいと感じているビジネスパーソンとの接点になるような本を、私なりに構築できないか。


考え抜いた末にたどり着いた答えが、「何を読むか、どう読むか、読んだ後にどう活かすか？」をすべてカバーするブックガイドというコンセプトでした。

その中でもとりわけ「読んだ後」にフォーカスし、たった「1枚」埋めるだけで、抽象的な学びを「ジブンゴト化」し、解像度を上げることができる。そうすれば、どんな本でも自身の仕事や日常に活かすことができてしまう。

そんな魔法がかかったブックガイドを世に問い、残すことが、今の私なりに120％の全力を尽くしてできる仕事でした。

100%ではなく120%と書いた理由は、何よりこの処方せんには、実際にこうした本との付き合い方を継続することで自身の理想とする働き方やキャリア・人生を手にしている、私以外の受講者の実績が多数あったからです。

その一例を再掲します。

「紹介された本で学んだことを実践したら、仕事で成果を出せ、社内で表彰されました！」「昇給・昇進・昇格でき、家族にも喜ばれました！」「希望していたプロジェクトに抜擢され、充実した日々を送れています！」「転職してキャリアアップできました！」「念願だった独立を果たすことができました！」「MBAの授業や課題を高いレベルでクリアし、成績優秀者として評価されました」「日々の生活に余裕が生まれ、仕事だけの人生から脱却することができました」「とうとう社長になってしまいました」「将来に対する漠然とした不安が解消しました」「ワークライフバランスを整えることができ、先日移住を実現できました」、等々。

5年以上にわたって本書のような学習コミュニティを主宰しながら得た手応え。確信を

勇気・活力に変えることで、この挑戦的なブックガイドを何とか最後まで完遂することができました。

執筆していて大変な時期もありましたが、そんな私を支えてくれた学習コミュニティの受講者500人に、まずは最大限の感謝を伝えたいと思います。

執筆を後押し・下支えしてくださり、本当にありがとうございました。

また、本書の担当編集者である武井康一郎さんにも深く感謝申し上げます。私にとって本書は11冊目ですが、ここまで時間をかけて企画・執筆したのは初めての経験でした。そのおかげで、唯一無二のユニークなコンセプトの本として皆さんにお届けできることになりました。深く感謝申し上げます。

加えて、武井さんとの御縁を頂いたのは、ベストセラー作家仲間のおひとりである犬塚壮志さんのおかげでした。この場を借りて御礼を申し上げます。

そして、家族へ。海外移住前のとてつもなく忙しい状況であったにもかかわらず、執筆の時間を捻出できるよう、さまざまなケアを日々してもらいました。

いつもいつも本当にありがとう！

最後に、読者の皆さまへ。

まずはここまでたどり着いてくださり、誠にありがとうございました。

一方で、最後の本でガイドした通り、ここからがようやくスタートです。

本書で紹介した24冊＋αの本を、どうかこれから自分のものにしていってください。2週間に1冊程度のペースで進めていけば、ちょうど1年くらいで攻略できる分量になっています。

最初の1週間で本を読み、後半の1週間では「1枚」書きながら「ジブンゴト化」していく。このようなイメージでこれから先の読書ライフを満喫していけば、1年後にはもはや別人というレベルでの成長を遂げているはずです。

そのための一助として、本書に掲載したすべての「1枚」のデジタル版をダウンロードできる「実践サポートコンテンツ」も積極的にご活用ください。

プリントアウトして手書きする用途でも、デジタル完結で活用してもらっても、どちらでも構いません。次のＵＲＬ・ＱＲコードからアクセス可能です。

● 「実践サポートコンテンツ」のご案内

https://asadasuguru.com/afterread/

＊予告なく、終了することがあります

本書が何かしらの成果につながった際は、ぜひお気軽にメッセージを送ってください。
皆さんからのビフォーアフター体験談を楽しみにしています。

２０２４年２月吉日

「１枚」ワークス・浅田すぐる

［著者］
浅田すぐる（あさだ・すぐる）
「１枚」ワークス株式会社代表取締役
愛知県名古屋市出身。トヨタ自動車株式会社入社後、海外営業部門に従事。同社の「紙１枚」仕事術を習得・実践。米国勤務などを経験したのち、６年目で同社のグローバル企業ウェブサイト管理業務を担当する。「伝わるサイト」へのカイゼンを実現し、企業情報サイトランキングで全業界を通じ日本一を獲得する。その後、日本最大のビジネススクールである株式会社グロービスへの転職を経て、2012年に独立。現在は、社会人教育の世界で、企業研修・講演・コンサルティングなどを多数実施している。主な講義テーマは、"トヨタで学んだ「紙１枚」書くだけのビジネスコミュニケーションカイゼン"。累計受講者数は１万名以上。電通、資生堂、ホンダなど大企業・中小企業問わず登壇実績多数。
また、「イチラボ」という動画学習コミュニティを主宰し、2019年から５年以上にわたって、数百冊の本を紹介。「本で学んだことを実践したら、仕事で成果を出せ、社内で表彰されました！」「希望していたプロジェクトに抜擢され、充実した日々を送れています！」「ＭＢＡの授業や課題を高いレベルでクリアし、成績優秀者として評価されました」「将来に対する漠然とした不安が解消しました」等、好評を博す。
主な著書は『トヨタで学んだ「紙１枚！」にまとめる技術』（サンマーク出版）、『トヨタで学んだ「紙１枚！」で考え抜く技術』（日本実業出版社）など。著者累計は56万部超。

ひと目でわかる！
見るだけ読書

2024年２月27日　第１刷発行

著　者――浅田すぐる
発行所――ダイヤモンド社
〒150-8409　東京都渋谷区神宮前6-12-17
https://www.diamond.co.jp/
電話／03･5778･7233（編集）　03･5778･7240（販売）
装丁―――鈴木大輔（ソウルデザイン）
本文デザイン―大谷昌稔
製作進行――ダイヤモンド・グラフィック社
印刷―――勇進印刷
製本―――ブックアート
編集担当――武井康一郎

ISBN 978-4-478-11946-4